Le Français au bureau

French in the office

New edition

M. M. Lentz E.S.C.
Hilde W. Watson F.I.L.
S. McGuinn M.A., M.Sc.

Longman

LONGMAN GROUP LIMITED
Longman House
Burnt Mill, Harlow, Essex CM20 2JE, England
© *M. M. Lentz, Hilde Watson and S. McGuinn 1967*

First published 1967
New edition 1978
Third impression 1981

ISBN 0 582 35153 7

Printed in Hong Kong by
Commonwealth Printing Press Ltd

In the same series
German in the office
S. McGuinn and Hilde W. Watson
Spanish in the office
James Bray and Matías Gómez-Sánchez

Introduction

This is a book for people who know some French already. It is designed for those who would like to use the language for business purposes, either in this country or abroad. Of course every branch of business has its own terms which have to be acquired; this book, however, teaches a general knowledge of office and business procedure, commercial vocabulary and some of the differences between French and English methods.

There are five sections: the first introduces the background for daily office life and the second deals with business correspondence in general, giving practical examples and exercises. The third and fourth sections provide information for reference which should help to solve problems likely to occur in the office and which will help in dealings with France. These four sections are complementary and are meant to be used side by side. The fifth section consists of a two-way vocabulary; designed primarily to cover this book, it can, however, also be used independently as a general glossary of commercial terms.

Note to new edition 1978

This book has been in widespread use in colleges for the last ten years. In this new edition we have brought the information and illustrations up to date and in response to users' requests have added a number of new items. These include an example of how to present a curriculum vitae in French and a new section listing trade fairs and public holidays in France and providing a guide to the use of air, rail and bus timetables.

Table des matières

Table of contents

1

Le bureau

Il existe des bureaux de tous genres et de toutes dimensions. Les conditions de travail varient selon les activités commerciales, administratives, juridiques, etc.

La secrétaire se rend toujours à son bureau au moins un quart d'heure avant l'arrivée de son chef. Si nécessaire, elle va chercher le courrier à la poste, ouvre les enveloppes, trie les lettres qu'elle place sur le bureau de son chef. Sur sa propre table de travail se trouve la machine à écrire dont elle enlève la housse et qu'elle époussette. D'un tiroir, elle sort ensuite une feuille de papier à lettre avec en-tête imprimé au nom de l'entreprise, deux feuilles de papier pelure pour les copies de lettres et deux feuilles de papier carbone, et elle introduit le tout dans la machine à écrire. Enfin, pour compléter les préparatifs de sa journée de travail, elle n'oubliera pas de tailler son crayon.

Dès que le chef arrive à son bureau, il appelle la secrétaire en appuyant sur un bouton de sonnette. Elle apparaît immédiatement munie de son bloc de sténographie et de crayons bien taillés. Ceci va de soi. Après avoir lu le courrier du matin, le chef dicte quelques lettres s'il veut rédiger lui-même les réponses, sinon il en laisse le soin à sa secrétaire. La secrétaire se charge également des bandes de machine à dicter qu'il a préparées à la maison ou en voyage et elle les distribue ensuite aux différentes dactylographes qui travaillent toutes ensemble dans une pièce spéciale, appelée le 'pool', le central dactylographique, ou la salle de dactylographie.

Quand le chef veut communiquer avec des collègues d'un autre service, il se sert du téléphone interne ; ou bien il compose lui-même le numéro de téléphone si ce dernier est automatique, ou bien il demande à la téléphoniste de le mettre en relation avec le poste secondaire. Il en est de même s'il veut téléphoner à l'extérieur, ce qui arrive à longueur de journée ; à notre époque, en effet, beaucoup d'affaires sont conclues par téléphone. Entretemps, la secrétaire dactylographie les lettres qu'elle a prises en sténographie et les place dans le dossier des lettres à signer qu'elle soumet ensuite à son chef pour signature.

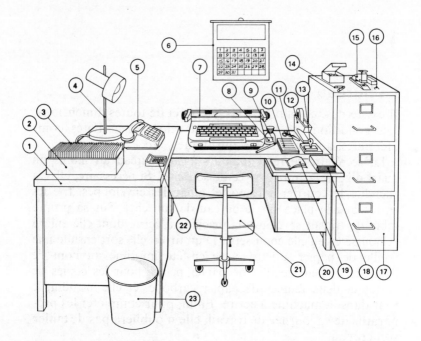

VOCABULAIRE

1. Le bureau
2. Le fichier
3. La fiche
4. La lampe de bureau
5. Le téléphone
6. Le calendrier mural
7. La machine à écrire
8. Le correcteur pour stencil
9. Le stylo à bille, le 'bic'
10. L'agenda (m) de bureau
11. Les ciseaux
12. La bande de papier collant, le 'scotch'
13. Le timbre
14. Le trombone
15. L'agrafeuse (f)
16. L'agrafe (f)
17. Le classeur vertical
18. Le dictionnaire
19. Le bloc de sténographie
20. La tablette
21. La chaise réglable
22. La machine à calculer
23. La corbeille à papier

Le chef mène lui-même les discussions d'affaires les plus importantes, mais très souvent la secrétaire doit aussi s'occuper de diverses communications téléphoniques: elle annonce des réunions, les confirme, ou bien refuse avec tact l'invitation d'y assister; elle fait réserver des places dans un train ou un avion, elle étudie des itinéraires, elle fait des réservations de chambres d'hôtel, elle fait retenir des places dans un restaurant renommé quand son chef veut en imposer à un client.

Tous les documents, c'est-à-dire lettres, copies de lettres, brochures, circulaires, reçus ou quittances, coupures de journaux, factures, annonces, certificats, formulaires etc... sont classés par ordre alphabétique ou numérique. C'est généralement le travail d'un jeune employé d'agrafer les documents et ensuite de les classer convenablement dans les dossiers correspondants. Le même employé est généralement chargé de la reproduction des circulaires, des rapports etc... Dans ce cas, il copie d'abord le texte sur une matrice ou un stencil et ensuite il effectue le tirage d'un certain nombre de copies à l'aide d'un duplicateur.

En échange du travail fourni, les employés de bureau reçoivent une rémunération, appelée salaire. La période de paiement peut être la semaine ou plus souvent le mois et on parle d'un salaire hebdomadaire ou d'un salaire mensuel. Il peut être viré à un compte bancaire ou postal. La cotisation de sécurité sociale est déduite du salaire brut, mais en France les salaires ne sont pas imposés à la source comme en Angleterre.

La nature du travail est naturellement primordiale, mais de nos jours on attache aussi une grande importance à l'atmosphère qui règne dans l'entreprise. Le bien-être et le confort des travailleurs jouent un grand rôle. Bien qu'il existe actuellement du chômage en France, on constate une pénurie de main-d'oeuvre spécialisée. Les travailleurs jouissent aujourd'hui d'un grand nombre d'avantages: des cantines où l'on peut manger bien et bon marché grâce aux subventions des entreprises, une semaine de travail de cinq jours, quatre semaines de vacances payées, des heures supplémentaires payées, une prime de fin d'année, des clubs sportifs, des excursions organisées par les entreprises, etc... Certaines firmes se chargent aussi de trouver des appartements ou des chambres meublées pour leurs employés. En France, la journée de travail commence assez tôt, très souvent à 8 h. Elle est interrompue à l'heure du déjeuner, de 12 h à 14 h, et se termine généralement à 18 h.

Ceux qui veulent monter en grade se cherchent des emplois où les chances de promotion sont bonnes. S'ils s'acclimatent bien, s'ils sont travailleurs et consciencieux, ils recevront une augmentation de salaire, c'est-à-dire ils seront promus, par exemple, au rang de chef de service ou de secrétaire. Il existe une grande différence entre une sténo-dactylographe et une secrétaire. Il suffit que la première sache dactylographier vite et sans faute. La secrétaire doit aussi faire preuve d'autres qualités: avoir de l'initiative, savoir prendre des décisions judicieuses, rédiger des rapports. Elle doit être capable de remplir les rôles de guide, d'interprète, d'hôtesse et même de conseillère.

Les machines de bureau

Le clavier des machines à écrire françaises varie quelque peu de celui des machines à écrire anglaises: il y a en plus des touches 'é', 'è', 'à', 'ù', 'ç' ou des signes comme '^' et certaines lettres sont à des places différentes, comme 'a' et q', car elles sont frappées plus fréquemment en français qu'en anglais. Le clavier français se présente comme suit:

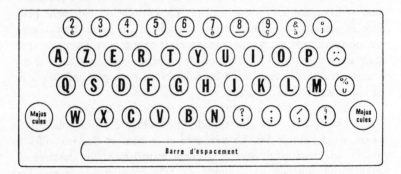

En outre, la vitesse dactylographique est calculée d'après le nombre de mots-minutes est chaque mot compte pour six frappes.

La vitesse de sténographie est également calculée en mots-minutes.

Journalistes, représentants, hommes d'affaires qui partent en voyage, se servent volontiers de machines à écrire plus petites et plus légères, dites portatives.

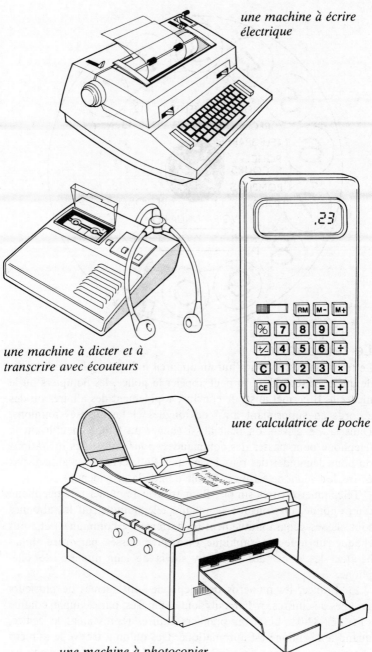

une machine à écrire
électrique

une machine à dicter et à
transcrire avec écouteurs

une calculatrice de poche

une machine à photocopier

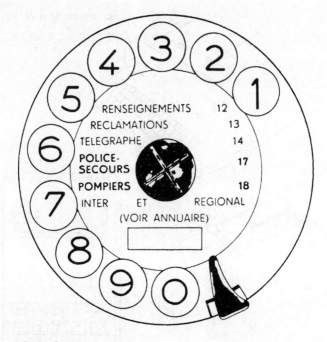

RENSEIGNEMENTS 12
RECLAMATIONS 13
TELEGRAPHE 14
POLICE-
SECOURS 17
POMPIERS 18
INTER ET REGIONAL
(VOIR ANNUAIRE)

Le téléphone

Le téléphone est aujourd'hui un appareil indispensable. En l'espace de quelques secondes, on peut appeler la police, les pompiers ou le médecin. Il permet aussi de conclure rapidement des affaires ou des accords en supprimant ainsi de longues et fastidieuses réunions. Dans la vie privée, on peut aussi gagner du temps en utilisant le téléphone pour passer des commandes, pour lancer des invitations ou pour demander des renseignements. Pour ceux qui n'aiment pas écrire, le téléphone est un véritable don de la providence.

Téléphoner est très simple. Pour trouver le numéro de téléphone d'un abonné, on consulte l'annuaire téléphonique où les abonnés sont classés géographiquement (départements, communes) et, sous chaque rubrique géographique, on trouve classés, par ordre alphabétique, les noms des abonnés, suivis de leur numéro de téléphone.

En France, les numéros de téléphone sont formés de plusieurs groupes de chiffres, A Paris, ils sont composés, par exemple, comme suit: 468-82-03. Les trois premiers chiffres représentent le centre, quand le téléphone est automatique. Dès qu'on a trouvé le numéro cherché, on soulève le combiné et on forme successivement les chiffres sur le disque d'appel. Si l'appelé est présent, il décroche son propre combiné et engage la conversation:

'Dupont & Fils vous écoutent. Je regrette, mais M. Dupont est absent pour le moment. Puis-je transmettre un message? Entendu, je demanderai à M. Dupont de vous rappeler plus tard. Au revoir!'

Au contraire, si personne ne répond à la sonnerie du téléphone, ou si le numéro est occupé, on raccroche.

Si on n'a pas de poste téléphonique chez soi, on peut téléphoner d'une cabine téléphonique. On en trouve dans les bureaux de poste, restaurants et rues etc... Dans les cas de communications locales, on insère un ou plusieurs 'jetons' dans une fente. Notons que ces jetons sont vendus dans tous les lieux publics qui disposent de cabines téléphoniques. Cependant les jetons sont de plus en plus remplacés par des pièces de monnaie. Si la communication n'est pas établie, on récupère les jetons ou les pièces de monnaie.

Les conversations locales coûtent naturellement moins cher que les communications à moyenne et grande distance. Le téléphone automatique existe à présent dans la majeure partie de la France et même les liaisons entre pays peuvent être établies automatiquement.

Pour les communications à moyenne et à grande distance, on aime parfois connaître la taxe de conversation. On peut ainsi demander au standardiste de faire connaître le montant de la redevance en fin de conversation, ou d'en indiquer la durée.

L'Administration des Postes et Télécommunications accorde aux usagers du téléphone diverses facilités:

– l'avis d'appel permet au demandeur d'une communication destinée à une personne non abonnée de faire informer cette personne du dépôt de la demande et de l'inviter à se rendre à un poste téléphonique, à une heure précise pour échanger la conversation.

– le préavis a pour objet de donner au demandeur d'une communication destinée à un poste d'abonné, l'assurance que cette communication ne sera établie que s'il est possible de le mettre en relation avec la personne préalablement désignée.

Les taxes de conversation sont perçues tous les deux mois en France. L'administration adresse à chaque abonné un relevé comprenant les taxes des conversations téléphoniques pour les deux mois précédents et la redevance d'abonnement pour les deux mois en cours. Le paiement des taxes doit s'effectuer dans les sept jours qui suivent le jour de la réception du relevé. En cas de non-paiement, l'Administration des Postes peut couper le téléphone.

Code alphabétique

téléphone moins cher

*Les communications interurbaines·obtenues
en AUTOMATIQUE, ou en SEMI-AUTOMATIQUE
bénéficient d'une réduction de l'ordre de 50 %
la nuit, de 20 heures à 8 heures, et
toute la journée les dimanches et jours de fêtes légales.*

**Aucun tarif réduit n'est accordé aux communications
obtenues par l'intermédiaire du MANUEL.**

Ce code, donné par l'administration des P. et T., permet de distinguer les lettres qui 'sonnent' de la même façon, quand on doit épeler les noms difficiles.

A = Anatole	I = Irma	R = Raoul
B = Berthe	J = Joseph	S = Suzanne
C = Célestin	K = Kléber	T = Thérèse
D = Désiré	L = Louis	U = Ursule
E = Eugène	M = Marcel	V = Victor
É = Émile	N = Nicolas	W = William
F = François	O = Oscar	X = Xavier
G = Gaston	P = Pierre	Y = Yvonne
H = Henri	Q = Quintal	Z = Zoé

Les numéros de téléphone sont vérifiés en les répétant clairement.

TARIF

Province

Automatique:
Composez le 15
(départements soulignés sur la
carte) ou le 16.
Attendre la tonalité.
Composez les 8 chiffres de votre
correspondant.

Automatic:
Dial 15
(departments shaded on the map)
or 16.
Wait for the dialling tone.
Dial the 8 digits for the number
required.

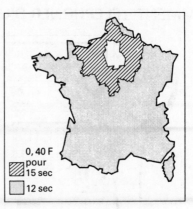

0, 40 F
pour
15 sec
12 sec

Etranger

Automatique:
Composez le 19 et attendez la 2ᵉ
tonalité.
Composez l'indicatif du pays
demandé puis l'indicatif de la
zone automatique puis le numéro
d'appel du correspondant.

Automatic:
Dial 19 and wait for the second
dialling tone.
Dial the code for the country
desired, then the code for the
automatic area, then the number
required.

PAYS ACCESSIBLES

Pays (Indicatif) Country (Code)		Prix par minute Price per minute
ALLEMAGNE FÉDÉRALE	49	de 2,40F à 3,20F
ESPAGNE ITALIE	34 39	de 2,80F à 3,60F
BELGIQUE PAYS-BAS LUXEMBOURG SUISSE ROYAUME-UNI	32 31 352 41 44	2,40F
AUTRICHE PORTUGAL DANEMARK	43 351 45	3,60F
GRÈCE NORVÈGE SUÈDE POLOGNE	30 47 46 48	4,00F
MAROC TANGER ALGÉRIE TUNISIE	212 213 216	4,40F
ISRAËL	972	12,80F
ETATS-UNIS CANADA	1 1	14,40F
JAPON BRÉSIL	81 55	18,80F

COMMENT TÉLÉPHONER D'UNE CABINE TÉLÉPHONIQUE

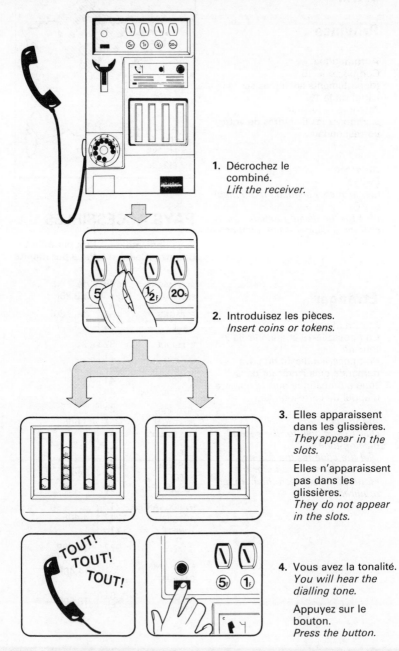

1. Décrochez le combiné.
   Lift the receiver.

2. Introduisez les pièces.
   Insert coins or tokens.

3. Elles apparaissent dans les glissières.
   They appear in the slots.

   Elles n'apparaissent pas dans les glissières.
   They do not appear in the slots.

4. Vous avez la tonalité.
   You will hear the dialling tone.

   Appuyez sur le bouton.
   Press the button.

5. Composez votre
numéro.
Dial your number

Récupérez vos pièces
et recommencez
l'opération.
*Pick up your coins or
tokens and start
again.*

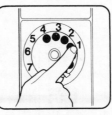 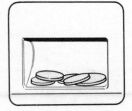

6. Ecoulement des
pièces selon la taxe.
*The coins or tokens
covering the cost
of the call will
disappear.*

7. La communication
terminée, vous
raccrochez.
*When you have
finished your call,
hang up.*

Il ne reste plus
qu'une pièce.
*Only one coin or
token remains.*

8. Récupérez les pièces
en trop.
*Pick up the excess
coins or tokens.*

Au signal optique, la
communication va
etre coupée.
*A visual signal means
you are about to be
cut off.*

Remettez des pièces
si vous desirez
continuer votre
conversation.
*If you wish to
continue talking,
insert additional
coins or tokens.*

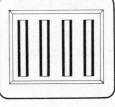 

17

Le bureau de poste

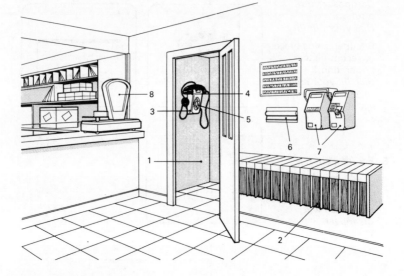

VOCABULAIRE

1. La cabine téléphonique
2. L'annuaire téléphonique (*m*)
3. Le téléphone
4. Le combiné téléphonique
5. Le disque d'appel
6. La boîte aux lettres
7. Les distributeurs automatiques de timbres-poste
8. La balance

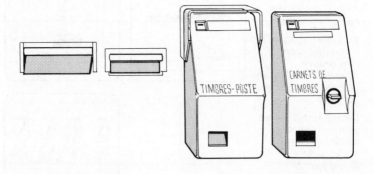

Boîtes aux lettres   *Distributeurs de timbres-poste*

La poste

La poste joue un rôle important de nos jours, non seulement dans le monde des affaires, mais aussi dans la vie privée. En moyenne, tout le monde reçoit journellement deux lettres et deux coups de téléphone.

L'Administration des Postes françaises relève du ressort du Ministère des Postes et Télécommunications. La couleur qui caractérise la poste est le jaune : boîtes aux lettres, appareils distributeurs automatiques, voitures postales sont tous reconnaissables à cette couleur. Cependant les annuaires sont bleus, rouges ou verts.

Le réseau postal est très compliqué. L'administration postale occupe une armée d'employés et cependant elle représente une source de revenu importante pour l'Etat.

Les lettres doivent être affranchies ou timbrées. Pour se procurer des timbres-poste, on s'adresse à un guichet postal portant l'inscription 'Timbres-poste' ou bien on utilise des distributeurs automatiques ; notons que les bureaux de tabac en vendent aussi. Les entreprises utilisent généralement des machines à affranchir qui impriment le montant de l'affranchissement sur l'enveloppe.

Il existe en France un service des chèques postaux. Toute personne ou société peut demander l'ouverture d'un compte courant postal (CCP) dans un centre de chèques postaux. Sur l'avoir qu'il possède en compte, tout titulaire de CCP peut tirer des chèques de retrait, soit à son profit, soit au profit d'un tiers. Le chèque de virement permet des paiements entre deux titulaires de compte. Son avoir peut être alimenté soit par ses propres versements, soit par des versements de tiers. Il existe en France dix-neuf centres de chèques postaux. L'intitulé d'un CCP comprend le centre suivi du numéro de compte : STRASBOURG 336-46.

En outre, on peut envoyer de l'argent par mandat postal. Dans ce cas, on remplit une formule de mandat-carte que l'on remet au guichet de la poste avec les fonds à expédier. Le mandat est ensuite transmis par le bureau émetteur au bureau desservant le domicile du bénéficiaire. Le mandat télégraphique peut être employé pour l'expédition urgente de fonds. En principe, les mandats sont payables sans avis préalable, au domicile du bénéficiaire, par le facteur.

Le courrier est distribué trois fois par jour dans les grands centres et deux fois dans les petites villes. Les boîtes aux lettres sont vidées plusieurs fois par jour. Dans les gares, aérogares, dans les postes principales, il existe des boîtes aux lettres aériennes. Les correspondances-avions comportent une surtaxe d'affranchissement variable avec la distance.

MANDAT-CARTE
N° 1406

COUPON
remis au destinataire   *Étiquette extraite*
du registre n° 510   N° d'émission :

A REMPLIR PAR L'EXPEDITEUR

MONTANT du mandat   **MANDAT** de la somme de
(en chiffres)   (en lettres)

EXPEDITEUR (Nom et adresse)

payable à

(Pour une femme, mettre « Madame » ou « Mademoiselle » en toutes lettres)

M .....

M...... .... est informé que
ce mandat est payable au bureau
de ....
à partir du .... à .... h.
Se munir du présent coupon et
d'une pièce d'identité.

DESTINATAIRE

EXPÉDITEUR

MONTANT

EXPRÈS

N° 517
(J. S. 220372.)

RÉCÉPISSÉ D'UN ENVOI
RECOMMANDÉ
Montant de l'affranchissement   Étiquette n° **510** ou **510** *bis*
Signature de l'agent

contre-remboursement   nature de l'objet

à remplir par l'expéditeur à l'encre, sans rature, ni surcharge

DESTINATAIRE : M ....

à ....

ATTENTION : INDIQUEZ VOS NOM ET ADRESSE SUR L'OBJET. *Vous*
éviterez qu'il soit transmis au service des rebuts en cas de non-distribution.

POSTES ET TÉLÉCOMMUNICATIONS   Voir NOTA au verso.

On peut également expédier des lettres par exprès. En outre, il
existe à Paris et à Marseille, un réseau pneumatique reliant les
bureaux de poste à l'intérieur de ces villes.

No 698

Cadre réservé au service

Taxes accessoires

Taxe principale......

Total............

NATURE du télégramme	ORIGINE	NUMÉRO	NOMBRE de mots	DATE	HEURE de dépôt	MENTIONS DE SERVICE

POSTES ET TÉLÉCOMMUNICATIONS

TÉLÉGRAMME

NUMÉRO de série locale

INDICATIONS de TRANSMISSION

N° de la ligne du P. V. en cas de transmission par téléphone

CADRE A REMPLIR TRÈS LISIBLEMENT PAR L'EXPÉDITEUR

NOM et ADRESSE (en lettres majuscules d'imprimerie)

NOTA. — Adresse très complète (rue, boulevard ... et numéro ... de l'habitation, bloc, bâtiment, escalier, etc.).
Si le destinataire est abonné au téléphone ou au télex, pour accélérer la remise de ce télégramme : portez, avant l'adresse, la mention correspondante : TÉLÉPHONE ou TÉLEX suivie si possible du numéro d'appel.

(1)

TEXTE et éventuellement signature très lisible

(1) Pour vos vœux, félicitations, utilisez les télégrammes illustrés (renseignements au guichet).

Nom et adresse de l'expéditeur : ....

(Ces indications ne sont taxées et transmises que sur la demande expresse de l'expéditeur)

Télégramme

21

N° 698-6

POSTES ET TÉLÉCOMMUNICATIONS

Taxe principale : ....
Taxes accessoires : ....
TOTAL.. ....

Ce télégramme est accepté aux conditions fixées par la Convention internationale des Télécommunications et les règlements y annexés.

TÉLÉGRAMME
INTERNATIONAL

TÉLÉ FRANCE

INDICATIONS DE TRANSMISSION
(Réservé au Service)

NATURE	ORIGINE	NUMÉRO	NOMBRE de mots	DATE	HEURE de dépôt	MENTION DE SERVICE à transmettre à la fin du préambule
						voie *Télé France*

ADRESSE : ....
(En lettres majuscules d'imprimerie)

TEXTE : ....
(Très lisible)

SIGNATURE (facultative) : ....
(En lettres majuscules d'imprimerie)

Nom et adresse de l'expéditeur : ....

Déclaration exigible pour les télégrammes à prix réduit. — Je déclare que le texte ci-dessus est entièrement rédigé en langage clair et ne comporte pas une signification différente de celle qui ressort de son libellé. (Indiquer la langue ....)

Signature : ....

Télégramme international

L'Administration des Postes et Télécommunications a le mono-pole de transmission des correspondances par télégraphie. L'ex-péditeur d'un télégramme doit utiliser la formule distribuée gra-tuitement dans tous les bureaux de poste.

Liste des départements
et leurs numéros postaux

Ain	01	Gers	32	Pyrénées-	
Aisne	02	Gironde	33	Atlantiques	64
Allier	03	Hérault	34	Hautes-Pyrénées	65
Basses-Alpes	04	Ille et Vilaine	35	Pyrénées-	
Hautes-Alpes	05	Indre	36	Orientales	66
Alpes-Maritimes	06	Indre et		Bas-Rhin	67
Ardèche	07	Loire	37	Haut-Rhin	68
Ardennes	08	Isère	38	Rhône	69
Ariège	09	Jura	39	Haute-Saône	70
Aube	10	Landes	40	Saône-et-Loire	71
Aude	11	Loir et Cher	41	Sarthe	72
Aveyron	12	Loire	42	Savoie	73
Bouches du		Haute-Loire	43	Haute-Savoie	74
Rhône	13	Loire Atlantique	44	Paris	75
Calvados	14	Loiret	45	Seine-Maritime	76
Cantal	15	Lot	46	Seine et Marne	77
Charente	16	Lot et Garonne	47	Yvelines	78
Charente		Lozère	48	Deux-Sèvres	79
Maritime	17	Maine et Loire	49	Somme	80
Cher	18	Manche	50	Tarn	81
Corrèze	19	Marne	51	Tarn et Garonne	82
Corse	20	Haute-Marne	52	Var	83
Côte d'Or	21	Mayenne	53	Vaucluse	84
Côtes-du-Nord	22	Meurthe et		Vendée	85
Creuse	23	Moselle	54	Vienne	86
Dordogne	24	Meuse	55	Haute-Vienne	87
Doubs	25	Morbihan	56	Vosges	88
Drôme	26	Moselle	57	Yonne	89
Eure	27	Nièvre	58	Belfort	90
Eure et Loir	28	Nord	59	Essonne	91
Nord-Finistère	29N	Oise	60	Hauts-de-Seine	92
Sud-Finistère	29S	Orne	61	Seine-St. Denis	93
Gard	30	Pas-de-Calais	62	Val de Marne	94
Haute-Garonne	31	Puy-de-Dôme	63	Val d'Oise	95

Pour accélérer l'acheminement du courrier, l'Administration des Postes et Télécommunications a introduit un code postal attribuant à chaque bureau distributeur un indicatif postal composé de 5 chiffres et qui doit figurer en dernière ligne d'une adresse postale:

Monsieur Paul DUMAS
12, rue des Ardennes
54260 LONGUYON

Les 2 premiers chiffres de l'indicatif postal désignent le départment et les 3 autres le bureau distributeur.

Les banques

Les banques jouent un rôle important dans la vie des personnes privées et des entreprises. En raison du grand nombre d'agences dispersées à l'intérieur d'un même pays et même à l'étranger, elles sont organisées pour encaisser, avec un minimum de frais, les créances, ou pour payer les dettes de leurs clients. On peut dire que les banques assument surtout un rôle de caissier.

Les principales banques en France sont: la Banque de France qui se charge aussi de l'émission des billets de banque, le Crédit Lyonnais *ou* CL, la Société Générale *ou* SG, le Crédit Industriel et Commercial *ou* CIC et la Banque Nationale de Paris *ou* BNP.

La banque ouvre à chacun de ses clients un compte qui enregistre, au débit, les dépenses ou sorties d'argent et, au crédit, les recettes ou entrées d'argent. Pour les besoins de son commerce, le commerçant demande l'ouverture d'un compte courant commercial pouvant fonctionner avec un solde débiteur ou découvert et le particulier un compte de dépôt qui doit toujours être créditeur.

Les entrées et sorties d'argent ne se font pas exclusivement en espèces. Les banquiers encaissent ou paient pour le compte de leurs clients les chèques et effets de commerce, dûment endossés à leur ordre et qui leur sont remis à cette fin. La lettre de change ou traite est l'effet de commerce le plus employé en France; le billet à ordre est en voie de disparition. L'emploi du virement bancaire est aussi très généralisé. L'ordre de virement est habituellement donné par simple lettre, bien qu'il existe aussi des imprimés spéciaux à cet effet.

Pour éviter les risques de perte ou de vol d'espèces, les banques procurent à leurs clients des chèques de voyage. Les titulaires de comptes bancaires peuvent aussi se faire remettre une carte de paiement (carte bleue ordinaire ou internationale).

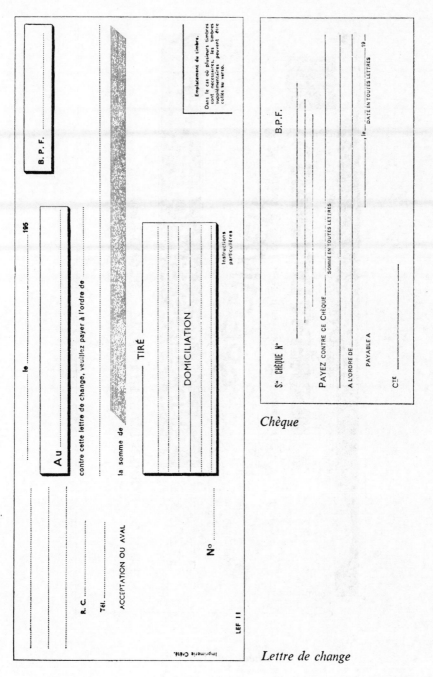

Chèque

Lettre de change

25

Chèque de voyage

Pourquoi avez-vous besoin
d'une Carte Bleue Internationale ?

Votre Carte Bleue actuelle vous sert à acquitter
vos achats avec une simple signature, dans plus
de 50.000 points de vente
(magasins, hôtels, stations-services) en France.

Avec **la Carte Bleue Internationale,**
vous bénéficierez des mêmes facilités de règlement de
vos achats chez plus de 1.500.000 commerçants, situés
dans 84 pays étrangers répartis dans le monde entier.

Que vous vous trouviez en Europe, en Asie,
en Amérique, la Carte Bleue Internationale vous
libère de vos soucis de change en monnaies locales.
Avec elle, comme avec votre Carte Bleue actuelle,
signer, c'est payer.

Le réseau mondial Carte Bleue Internationale

La Carte Bleue Internationale fait désormais partie
intégrante d'un réseau international de cartes de
paiement de diffusion mondiale :

**BankAmericard, BarclayCard, carte Chargex,
BancUnion, Banco de Bilbao,** etc...

Toutes ces cartes de paiement, qui couvrent
pratiquement le monde entier (84 pays plus la France),
ont en commun leurs couleurs :
le Bleu, le Blanc, et l'Ocre disposés horizontalement.

Ce sont ces 3 couleurs qui vous signaleront,
à l'étranger comme en France, les commerçants affiliés
au réseau Carte Bleue Internationale.

Carte de paiement

2   La lettre commerciale

Généralités

Des millions de lettres commerciales et privées sont écrites journellement. Chaque lettre doit être rédigée sur une feuille de papier de format commercial et dans un style déterminés.

Les entreprises commerciales possèdent généralement du papier à lettre avec en-tête imprimé. L'en-tête porte les renseignements suivants : le nom et l'adresse de l'entreprise, son siège social et son capital social quand il s'agit d'une société, le numéro de téléphone, l'adresse télégraphique, le numéro d'immatriculation au Registre du Commerce, le numéro et le centre de CCP et les adresses de banques avec le numéro de compte.

En-tête normalisé

Avant de commencer le texte de la lettre, il est recommandé de mentionner le nom, la profession, et l'adresse du destinataire, qui sont placés à la droite de la page.

SOCIÉTÉ INDUSTRIELLE D'AVIATION LATÉCOÈRE

Société Anonyme au Capital de 4. 500 000 f.
79 Avenue Marceau _ PARIS (16')

USINE
135, Rue de Périole
TOULOUSE

Téléphone { 48_97_65
48_86_10
48_64_92

TELEX 531714 F SILAT
ADR. TÉLÉGR. : LATÉCOÈRE _TOULOUSE
C. C. POSTAL : 1264_82 TOULOUSE
SIR. 572050169 00026
APE. 3301

Adresser les réponses à
S. I. L. A. T., 135, Rue de Périole
31079 TOULOUSE CEDEX

N/Réf. : E - 28.296 - CP/MD -
V/Réf. :
Objet : Documentation.

Madame Marylin RAWLINGS
Longman House
Burnt Mill

HARLOW   ESSEX CM 20 2 JE

(ANGLETERRE)

TOULOUSE, le 1er Septembre 1978

Adresses de destinataire

1   *A une personne*

Monsieur P. DUPRÉ
Fabricant de meubles de bureau
12, rue des Alliés
25000 BESANÇON

2   *A une société en nom collectif*

Messieurs AUBRY, LEROY & Cie
12, rue des Vosges
67000 STRASBOURG

3   *A une société anonyme*

SOCIÉTÉ GÉNÉRALE DE BANQUE
Agence Z
12, Place de l'Opéra
75001 PARIS

Références et Objet

Les références sont des indications utiles pour la détermination du service destinataire, la recherche des documents qui se rapportent à l'objet de la lettre et pour le classement de la correspondance.
L'objet doit être un rappel bref du fait qui motive la rédaction de la lettre.

V/livraison du...
V/offre de documentation
V/commande de machines à écrire

Dates

La date est une mention indispensable.

Paris, le 31.12.19. .
Paris, le 31 décembre 19. .

Suscriptions

La suscription doit toujours précéder le texte de la lettre.

1   *A une personne*
    Monsieur,
  ou Madame,
  ou Mademoiselle,
2   *A une société*
    Messieurs,
3   Si la lettre s'adresse *à une personne déterminée* de l'entreprise
    Monsieur le Directeur,

4 *A un ami*
   Mon cher ami,
 ou Mon cher Dupont,

5 *A un client avec qui on a des relations cordiales*
   Cher client,
 ou Monsieur et Cher client,

6 *A un collègue*
   Monsieur et Cher collègue,

7 *A un notaire*
   Maître,
 ou Cher Maître,

Après la suscription vient *le corps de la lettre;* des exemples de lettres sont présentés dans les chapitres suivants.

Formules usuelles

Quant aux *formules de politesse*, elles varient comme les suscriptions. Un nombre d'entreprises de plus en plus grand semble vouloir adopter des formules brèves imitées de la correspondance étrangère.

1 *A un client*
   Veuillez agréer, Monsieur, mes salutations les plus distinguées.
 ou Veuillez recevoir, Monsieur, mes salutations les plus distinguées.

2 *A un fournisseur*
   Veuillez agréer, Monsieur, mes salutations distinguées.

3 *A une femme d'affaires*
   Je vous prie d'agréer, Madame, mes sentiments respectueux.
 ou Veuillez agréer, Madame, l'expression de mes sentiments dévoués.

4 *A un mauvais client*
   Agréez, Monsieur, mes salutations.

Très souvent, la conclusion ou phrase finale de la lettre est rattachée à la formule de politesse, comme par exemple:

1 Dans l'attente d'une réponse favorable, je vous prie d'agréer, Monsieur, mes salutations empressées.

2 Avec nos remerciements, veuillez agréer, Monsieur, nos salutations très distinguées.

Quand nous joignons des documents à la lettre, nous devons le mentionner dans la lettre. Dans les grandes entreprises, la correspondance est expédiée par de jeunes employés dans le service du courrier. Ici, les lettres sont pliées, mises dans les enveloppes qui sont ensuite affranchies. Dans ce cas, il est important qu'on voie si les lettres sont accompagnées de documents. C'est la raison pour laquelle on ajoute au bas des lettres les initiales 'P.J.', suivies de l'énumération des 'pièces jointes'.

Sur les enveloppes se trouvent très souvent d'autres indications, comme par exemple:

Personnel	Confidentiel
Par avion	Recommandé
Exprès	Echantillon sans valeur
Imprimé (-s)	Faire suivre s.v.p.
	Contre Remboursement

L'adresse du destinataire est rédigée sur l'enveloppe de la même manière que sur la lettre elle-même. Si le nom et l'adresse de l'expéditeur ne se trouvent pas imprimés dans la partie supérieure du recto de l'enveloppe, on les ajoute au verso de l'enveloppe, comme par exemple:

Exp.: DUPONT, 12 rue du Luxembourg, BRUXELLES

Rédaction d'enveloppe

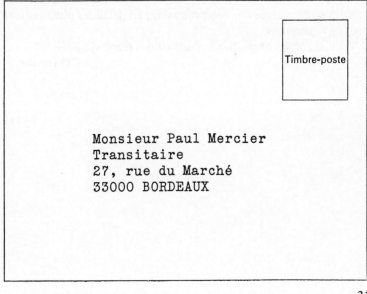

Lettres et exercices

Demandes de tarifs et offres

TRICOTA,
20, place de Charonne,
59000 LILLE

Objet:
Demande de prix.

Paris, le 14 avril 19. .

Monsieur,

Comme nous vous l'avons déjà signalé, nous entretenons des relations d'affaires avec les pays d'Amérique latine. Notre représentant sud-américain nous a adressé, au cours des derniers mois, plusieurs demandes d'offres pour de la laine à tricoter.

C'est pourquoi, nous vous prions de nous faire parvenir, le plus rapidement possible, votre liste de prix accompagnée d'échantillons. Si vous pouviez y joindre des brochures de publicité en espagnol, nous vous en serions très reconnaissants.

Veuillez nous indiquer vos prix FOB BORDEAUX, franco de tous frais d'assurance et d'emballage pour transport maritime. En outre, notre client nous a recommandé d'insister sur l'obtention d'une date précise de livraison.

Nous espérons recevoir votre offre dans les délais les plus courts et vous en remercions.

Veuillez agréer, Monsieur, nos salutations très distinguées.

Le Directeur:

P. JANIN

Maison MERCIER,
3, place Carnot,
75008 PARIS (8ᵉ)

Objet:
Offre de laines à tricoter.

Lille, le 17 avril 19..

Monsieur,

Nous vous remercions vivement de votre demande de renseignements concernant la livraison éventuelle de laines à tricoter pour
l'Amérique du Sud.

Ci-inclus, vous trouverez notre tarif de vente rédigé en espagnol,
avec indication de prix en francs et en pesos. Nos prix comprennent
livraison FOB BORDEAUX et il va de soi que l'emballage est prévu pour
le transport maritime.

Quant à la livraison, elle pourra être effectuée au cours de la
deuxième semaine qui suit la réception de votre commande.

Nous osons espérer que nos conditions de prix et de livraison vous
donneront entière satisfaction.

Veuillez agréer, Monsieur, nos salutations empressées.

P. Pon:

P.J. : 1 tarif.

MERCIER

Chaussures Véga,
12, rue de Nîmes,
63000 CLERMONT-FERRAND

A l'attention de M. SEMON.　　　　　　Lyon, le 3 mars 19..

Cher Monsieur,

Je vous exprime toute ma satisfaction pour la qualité des articles composant votre dernière livraison et je me permets de vous soumettre une nouvelle requête.

En raison du mauvais temps, mon stock de bottes en caoutchouc s'épuise rapidement. C'est pourquoi, je vous serais reconnaissant de me faire savoir s'il vous serait possible de me faire parvenir une nouvelle livraison avant la fin du mois.

Veuillez donc m'adresser par retour du courrier votre offre pour douze douzaines de paires de bottes en chaque pointure de 28 à 38 et m'indiquer, en même temps, votre délai de livraison le plus court.

Recevez mes remerciements anticipés et agréez, Monsieur, mes salutations distinguées.

DUMONT

Monsieur DUMONT,
15, avenue Jaurès,
69001 LYON

Objet:　　　　　　　　　　　　Clermont-Ferrand, le 9/3/..
V/demande de renseignements du 3/3/..

Monsieur et Cher Client,

Un voyage d'affaires m'a empêché de répondre plus tôt à votre lettre citée en référence et je vous prie de bien vouloir excuser ce retard.

Vous avez certainement reçu, entre-temps, mon télégramme daté d'hier et libellé comme suit:

'BOTTES CAOUTCHOUC 800 F GROSSE. LIVRAISON IMMEDIATE.'

Veuillez avoir l'obligeance de confirmer votre commande télégraphiquement.

En raison de la hausse du coût de la main-d'œuvre, nos prix ont légèrement augmenté, mais je vous garantis une qualité inchangée.

J'ai l'intention très prochainement de me rendre pour affaires dans votre ville et je me ferai alors un plaisir de vous rendre visite.

Je vous prie de croire, Monsieur, à mes sentiments dévoués.

SEMON

A l'attention de M. Prenom,
Service d'exportation.

Monsieur,

Il y a deux ans, vous nous avez vendu six moteurs de type HS/340 et nous avons le plaisir de vous informer qu'ils sont toujours en service dans notre usine de MANCHESTER.

Comme nous avons l'intention d'ouvrir une nouvelle usine à SHEFFIELD, nous aurions besoin de quatre autres moteurs identiques.

Veuillez nous faire savoir s'il vous serait possible de nous livrer les nouvelles machines pour la mi-février et au même prix qu'il y a deux ans, à savoir livraison SHEFFIELD franco de tous frais.

C'est avec un vif plaisir que nous espérons ainsi pouvoir renouer avec vous nos anciennes relations commerciales.

Dans l'attente d'une réponse favorable, nous vous prions d'agréer, Monsieur, nos salutations les plus distinguées.

Industrial Imports:

E. J. JOHNSON

EXERCICE 1

Traduisez la lettre suivante en français:

Messrs. Baldwin & Paterson,   November 13th, 19. .
43 Broad Street,
Bradford, Yorks

Dear Sirs,
   We are enclosing a pattern of worsted as supplied by you about
three years ago.
      Please let us have your current quotation for this material. We
require three hundred yards in about two months' time and shall be
glad to know whether you will be able to deliver this quantity within
that period.
      All prices should be for delivery free French frontier. We look
forward to hearing from you and remain,

                         Yours faithfully,

Enc.   Export Department

EXERCICE 2

Répondez à la lettre ci-dessus en l'adressant à:
   Confections LISA
   Service des Achats
   10, rue des Clercs
   54000 NANCY

EXERCICE 3

Traduisez la lettre suivante en français:

Messrs. Charles Beeching Bros. Ltd.   June 2nd, 19..
Factory Lane,
Birmingham.

Dear Sirs,

 We understand from our London representative that you are the manufacturers of the well-known 'Stirling' calculating machines. We require ten adding machines for our head office and shall be glad to receive your lowest prices for this quantity. We should also like to know whether your firm grants any discount to banks.

 The machines are required for delivery by 1st August as we are opening a new department on that day. Please let us know by return of post whether you would be interested in such an order. Should your prices be satisfactory and should your quotation result in an order, delivery could be effected through our London representative.

 We hope to hear from you shortly.

        Yours faithfully,
        BANQUE DE FRANCE

              Manager

Commandes et confirmations

Maison GUIR & BAUM,
12, rue de Verdun,
54000 NANCY

Bruxelles, le 10 janvier 19. .

Messieurs,
En réponse à votre offre du 15/11/. . ., nous avons plaisir à vous transmettre la commande suivante:
   15 machines à coudre électriques, type GS, à 650 F chacune, livraison 3 semaines, franco frontière belge.
Nous vous prions de confirmer cet ordre dès que possible et vous présentons, Messieurs, nos salutations distinguées.

Le Directeur:

JANY

Entreprise RENEY & FILS,
12, rue des Alliés,
BRUXELLES

Objet:
V/commande du 10 ct.   Nancy, le 12 janvier 19. .

Messieurs,
Nous vous accusons réception de votre commande mentionnée ci-dessus et vous en remercions.
Cependant, nous sommes au regret de vous informer que nos prix ont subi une légère hausse depuis notre offre de novembre dernier et les machines à coudre en question coûtent à présent 680 F chacune.
Cette augmentation de prix est due à un relèvement général des salaires.
Nous vous prions donc de confirmer votre ordre aux nouvelles conditions et dans cette attente, nous vous présentons, Messieurs, nos salutations empressées.

GUIR & BAUM

Bicyclettes OLYMPIA,
Service Exportation,
12, rue des Alpes,
38000 GRENOBLE

St.-Denis, le 19.2.19..

Messieurs,

Sur la base de v/offre du 20 janvier dernier, nous avons l'honneur de passer la commande d'essai suivante:

Réf. 14: 3 bicyclettes de dames, parures chromées, selle en cuir, à 240 F chacune.

Réf. 15: 3 bicyclettes d'hommes, même présentation, à 255 F chacune.

Ces bicyclettes devraient nous parvenir par transport SNCF, sous délai de 15 jours à dater de cette commande.

Si nous sommes satisfaits de votre livraison, nous nous ferons un plaisir de vous transmettre d'autres commandes plus importantes. Comme nous vous l'avons déjà signalé, nous destinons ces bicyclettes à l'exportation vers l'Amérique du Sud et pour cette raison, nous insistons tout particulièrement sur la bonne qualité de votre fabrication.

Veuillez agréer, Messieurs, nos salutations distinguées.

PIERRON

Ets. PIERRON & FILS,
Import-Export,
10, avenue Voltaire,
93200 ST-DENIS

Grenoble, le 21.2.19··

Messieurs,

Nous vous accusons réception de votre commande du 19/2/·· et vous en remercions.

C'est à regret que nous vous rappelons que les prix mentionnés dans notre offre du 20 janvier dernier, se rapportent à des commandes d'un minimum de 20 bicyclettes. Nous pouvons seulement vous livrer les 6 bicyclettes aux conditions suivantes:

3 bicyclettes pour dames, à 260 F chacune.

3 bicyclettes pour hommes, à 275 F chacune.

Livraison franco domicile par SNCF.

Veuillez nous confirmer votre ordre à ces nouvelles conditions et soyez assurés que nous nous efforcerons de vous donner satisfaction à tous points de vue.

Nous vous prions d'agréer, Messieurs, nos salutations distinguées.

P. Pon:

LEGRAND

Société METALO,
12, rue Gambetta,
67000 STRASBOURG

A l'attention de M. Prenom.   Leeds, le 15.1.19..

Monsieur,
Veuillez nous excuser de répondre avec un tel retard à votre lettre
du 26 novembre dernier. Des circonstances indépendantes de notre
volonté ne nous ont pas permis d'accuser plus tôt réception de votre
offre relative à 4 moteurs, modèle HS/340, au prix de votre dernière
livraison.

En réponse à cette offre, nous avons le plaisir de vous passer
commande supplémentaire de 8 moteurs du même modèle, livrables
à SHEFFIELD, avant le 1er mars prochain. Nous vous prions de
respecter cette date de livraison, car nous avons l'intention d'inau-
gurer nos nouveaux ateliers le 10 mars et les machines devraient
être en place pour l'ouverture.

Veuillez nous adresser confirmation dans les plus brefs délais et
agréer, Monsieur, nos salutations distinguées.

Industrial Imports:

E. J. JOHNSON

P.J.: Bon de commande n° 14539

EXERCICE 1

Traduisez en français:

28th March, 19..

Messrs Poichet & Cie,
B.P. 367,
13001 MARSEILLE

Dear Sirs,

We refer to your order of the 15th instant and regret to inform you that at present we are not able to obtain the necessary raw materials to execute this. The demand for these goods is so great at the moment that all our reserve stock has been used up.

Our factory is working overtime to keep up-to-date with orders. We cannot therefore promise to despatch your order before the 10th of next month and hope that this will be convenient to you.

Yours faithfully,

EXERCICE 2

Compose a letter in reply explaining that you are very surprised to receive this news in view of the fact that delivery had definitely been promised within four weeks and that unless they can keep the date stipulated, the order is cancelled.

EXERCICE 3

Traduisez en français:

The Secretary,   19th January, 19..
Industrial Imports Ltd.,
4 Factory Lane,
Manchester.

Dear Mr. Clarke,
       Your order No. 14539 for 8 Motors, type HS/340

Thank you for your order of 15th January. Unfortunately we have to inform you that although we quoted the old price of £76·00 per motor in our letter of November 26th last, we can no longer deliver these machines at that figure, as all our prices were increased by a further 10 per cent on January 1st of this year, so that three increases have taken place since your first order in 19...

However, as we should very much like to take up our previous friendly business relations with your firm again, we are willing to supply the above motors at the old prices plus a 5 per cent increase instead of the 10 per cent. It is a pity that you did not place your order before January 1st, as this would have saved you a considerable amount of money.

If you wish to take advantage of the special price quoted above, we must insist that you send us your order within ten days from the date of this letter.

Furthermore, if your order should arrive after February 3rd, we shall not be in a position to deliver the motors by 1st March as specified by you.

We look forward to your confirmation by return of post.

                              Yours faithfully,
                              SOCIÉTÉ METALO

                                                       Export Manager

Livraisons et factures

Librairie MEYER,
Place du Marché,
54000 NANCY

Paris, le 3 mars 19. .

Messieurs,

Nous avons le plaisir de vous annoncer l'expédition de 60 douzaines de crayons à bille.

Le retard dans l'exécution de votre commande est dû au déclanchement d'une grève dans nos ateliers. Nous sommes heureux d'annoncer que notre personnel travaille de nouveau, depuis lundi dernier, à plein rendement.

Votre commande a été expédiée hier par colis express. Veuillez trouver, ci-joint, facture en double exemplaire.

Nous espérons que l'exactitude avec laquelle nous avons toujours rempli nos obligations dans le passé, vous incitera à nous réserver vos ordres pour l'avenir.

Dans cette attente, nous vous prions d'agréer, Messieurs, nos salutations les plus empressées.

MANGIN

P.J.: 2 factures.

Extrait de la facture ci-dessus:

3 grosses de crayons à bille (noir)	
Réf. QS, à 10 F la grosse	30 F
2 grosses de crayons à bille (rouge)	
articles de réclame à 25 F la grosse	50 F
	—
Total H.T.	80 F
T.V.A. 20%	16 F
	—
Total T.T.C.	96 F
Livraison et emballage	6 F
	—
Net à payer	102 F

2% d'escompte pour paiement comptant.

V/Référence: V/Lettre du   N/Référence:
1534/FE
Objet: Leeds, le 15 juin 19. .
Livraison à Cycles et Moteurs JANY

Messieurs,

Notre client, cité ci-dessus, nous a informés le 10 courant, qu'il vous a adressé, le même jour, copie de sa commande du 3 juin dernier de 25 bicyclettes, portant des détails précis sur les modalités de livraison.

Nous vous annonçons que ces 25 bicyclettes ont été embarquées hier à Douvres et arriveront probablement le 17 juin aux bureaux des services douaniers de Calais.

Veuillez avoir l'obligeance de faire dédouaner ces marchandises et de les faire acheminer au domicile de notre client à Nîmes. Ce dernier a un besoin urgent de ces bicyclettes et nous vous serions donc reconnaissants de faire accélérer les formalités douanières autant que possible.

Ci-joint, copies du connaissement et de la facture.

Avec nos remerciements, nous vous prions d'agréer, Messieurs, nos très distinguées salutations.

Export Department:

P.J.: 1 facture
     1 connaissement.   R. SMITH

Extrait de la facture ci-dessus

25 bicyclettes pour hommes	
à 210 F chacune	5250 F
Assurance 10%	525 F
Transport jusqu' à Calais	34 F
Total H.T.	5809 F

Facture payable dès réception des marchandises.

Comme convenu, nous avons chargé la Cie de Transport EUROPE du transport de Calais à Nîmes et des formalités de dédouanement.

45

Entreprise SCHNEIDER,
Machines de bureau,
Place du Marché,
08200 SEDAN

Objet:
V/commande A/345   Lille, le 18.10.19..

Messieurs,

Nous vous remercions de votre lettre du 17 courant.

Soyez assurés que nous feron's l'impossible pour accélérer la livraison des lampes de bureau faisant l'objet de votre commande citée ci-dessus. Nous regrettons vivement le retard apporté à l'exécution de cette commande, mais des circonstances fortuites en sont la cause.

Un incendie s'est déclaré il y a trois semaines dans nos ateliers et plusieurs de nos machines n'ont pu encore être réparées. Ce sinistre est à l'origine de tous nos retards de livraison et nous vous prions de bien vouloir nous en excuser.

D'après nos prévisions, l'expédition de vos lampes pourra être entreprise aux environs du 30 octobre prochain et nous vous prions instamment de faire preuve de patience jusqu'à cette date. Au cas où vous vous décideriez d'annuler votre commande, veuillez nous en informer par retour du courrier.

Avec nos regrets les plus sincères, nous vous présentons, Messieurs, nos salutations les plus empressées.

LEONARD

EXERCICE 1

Traduisez la lettre suivante en français:

18th August, 19..

Monsieur Bechet,
20, rue des Ecoles,
69002 LYON

Dear Sir,

We refer to your visit to our shop during your recent holiday in London and we have pleasure in confirming that the books you ordered were despatched to you today by book post. We hope that they will reach you safely within a very short time.

Unfortunately the amount of 80 Francs which you paid at the time of ordering does not cover the full amount required and we shall be glad to receive the balance of 10 Francs shown on our invoice which we enclose herewith. If it is more convenient to you, it will be quite in order for you to pay this amount when next you visit England.

We look forward to further orders from you and remain,

Yours truly,

Enc.

EXERCICE 2

Draw up the covering invoice for six volumes 'Complete Works of Shakespeare' at 82 Francs plus postage and packing 8 Francs.

Réclamations

Maison MEUNIER & FAUCHER,
Machines et accessoires
de bureau,
7, Grand' Rue,
59000 LILLE

Objet:
N/commande de duplicateurs
du 18 août dernier.

Paris, le 3 octobre 19...

Messieurs,

Nous référant à notre conversation téléphonique de ce jour, concernant la livraison des duplicateurs mentionnés ci-dessus, nous sommes surpris que vous ne nous ayez pas indiqué une date précise de livraison.

Nous vous rappelons que vous nous avez promis le 10 septembre dernier, livraison complète de notre commande dans la huitaine suivante. Malgré nos rappels répétés, nous ne savons toujours pas si les machines sont prêtes à être expédiées.

Nous avons insisté plusieurs fois sur l'urgence de la livraison. Si nous ne pouvons pas nous fier à vos promesses, nous nous verrons obligés de nous adresser à votre concurrence.

Veuillez donc nous faire savoir d'urgence, par télégramme, la date précise de livraison des duplicateurs faisant l'objet de cette réclamation.

Agréez, Messieurs, nos salutations distinguées.

P. Pon:

REMY
CHENIER

Réponse télégraphique:
CREDIT COMMERCIAL, PARIS (6e)
'REGRETTONS RETARD. LIVRAISON GARANTIE LUNDI. MEUNIER.'

Objet:
N/commande 237 du 10.7.19..

Caen, le 6.9.19..

Messieurs,

En exécution de notre commande mentionnée ci-dessus, nous venons de recevoir votre livraison de 20 douzaines de bas nylon.

Nous vous signalons que nous avons attendu cette livraison pendant deux mois et finalement, au déballage, avons dû constater plusieurs erreurs dans le choix des teintes et des tailles. Vous nous avez livré 18 paires de bas en taille GF, au lieu de 2 douzaines en taille F. En outre, les 5 douzaines de bas taille PF sont toutes de la même teinte, alors que nous avions commandé 5 coloris différents.

Comme nous n'avons aucun débouché pour ces marchandises livrées par erreur, nous vous les renvoyons par ce même courrier. Veuillez nous faire parvenir immédiatement le complément de notre commande, conformément à nos instructions antérieures.

Vous reconnaîtrez certainement que ce nouveau retard risque de nous causer de graves préjudices et nous espérons que vous ne tarderez pas à nous donner satisfaction.

Veuillez agréer, Messieurs, nos salutations distinguées.

DUMAINE
Chef de Service

Entreprise HUBERT & FILS
12, rue de Dijon
25000 BESANÇON

Objet:
N/commande 57/66   Birmingham, le 5.9.19..

Messieurs,
Nous vous remercions de votre lettre du 1er septembre, ainsi que
de votre facture n° 79632 relative au règlement des machines à écrire
que vous nous avez livrées en accord avec notre commande citée
ci-dessus.

Cependant, nous avons été surpris de constater que toutes les
machines à écrire ont un clavier francais. Nous vous renvoyons à
notre bon de commande du 2 août dernier, sur lequel nous avions
bien spécifié '15 machines à écrire avec clavier universel et 10 avec
clavier français'.

Cette erreur risque de nous aliéner certains clients qui sont im-
patients de recevoir livraison de ces machines à clavier universel.
Il s'agit certainement d'une erreur de votre part et nous vous
prions, dans l'intérêt de nos bonnes relations, de régler cet incident
le plus vite possible. De plus, nous vous demanderons de prendre à
charge tous les frais de transport et d'assurance au cas où vous nous
demanderiez de vous renvoyer les machines qui ne conviennent pas.

Nous espérons que vous ferez droit à nos demandes et que vous
nous informerez de votre décision par retour du courrier.

Veuillez agréer, Messieurs, nos salutations distinguées.

BRITISH OFFICE SUPPLIES

General Manager

EXERCICE 1

Write a suitable reply to the letter on page 45, apologizing for the wrong delivery and explaining politely that the errors were due to illness amongst the regular staff in your packing department. Assure your customer that such errors will not recur and that all outstanding orders will be delivered on time. Replacements for the wrong stockings have been despatched by express post and have no doubt arrived by now.

EXERCICE 2

15th September, 19..

Messrs Kelland & Hutchison,
21, Piccadilly,
LONDON, W.I.

Dear Sirs,

We acknowledge receipt of your letter of 10th September and were sorry to learn that you have to complain about the packing of the goods.

The cameras in question were packed in individual cardboard boxes and the whole consignment was shipped in wooden crates according to your instructions. We would refer you in this connection to your letter of 18th August last. We are therefore extremely surprised to hear that some of the cameras arrived in damaged condition.

No doubt, these cases were opened by the customs authorities in Calais and we should have thought that your forwarding agent who was present, would have seen to it that the cameras were carefully re-packed. We must therefore assume that the damage occurred after the cameras were cleared at the Customs.

We can only suggest that you get in touch immediately with your forwarding agent in Calais and ask him to investigate the matter. We have checked in our despatch department and the manager of that department assures us that he was present when the cameras left our premises and that everything had been done to protect these very fragile goods. We now await your further comments and remain,

Yours faithfully,

EXERCICE 3

Draft a suitable telegram in reply to the letter on page 46, apologizing for the error and explaining that a letter follows. (In as few words as possible, bearing in mind clarity.)

EXERCICE 4

Traduisez la lettre suivante en français:

10th September, 19. .

The Manager,
British Office Supplies Ltd.,
45 Midland Road,
Birmingham.

Dear Sir,

Your order No. 57/64 of 2/8/..

We were most dismayed to receive your letter of September 5th in which you told us about the wrong delivery against your above order. We can only apologize for this error which was due to an oversight in our packing department. The clerk in question has been severely reprimanded and we sincerely hope that such a mistake will not recur.

Meanwhile you have no doubt received our telegram and we are pleased to inform you that fifteen typewriters with an international keyboard will be delivered to you tomorrow by special van from our Dover warehouse. The driver will at the same time collect the fifteen machines ready packed. We are, of course, willing to reimburse you for any expenses you may have incurred in this connection and shall be glad to hear from you about this point.

We can only hope that you will be able to explain this further delay to your clients and apologize for any inconvenience caused.

Yours truly,
HUBERT & FILS

Export Manager

Paiements et rappels de règlement

Frigidaires NORD-EST,
Rue de la Mésange,
21000 DIJON

Objet:
V/facture du 2.12...   Lille, le 10.10.19..

Messieurs,
Nous accusons réception de votre facture citée ci-dessus, relative au règlement de 35 frigidaires 'Eskimo'.

Nous regrettons cependant de vous informer que nous ne sommes pas d'accord sur le montant facturé. En effet, dans votre lettre du 4/4/.., vous nous avez offert ces frigidaires au prix de 600 F pièce. Nous vous avons confié notre commande sur la base de cette offre et ne comprenons pas pourquoi vous nous avez facturé ces articles au prix de 650 F pièce.

Nous sommes persuadés qu'il s'agit d'une erreur et nous nous permettons de virer à votre CCP n° 36-841 à DIJON, la somme de 21 000 F, pour solde de tout compte.

Veuillez agréer, Messieurs, nos salutations distinguées.

MARTIN

Maison P. FEVRE,
Place de la Mairie,
59000 LILLE

A l'attention du service
comptabilité.   Dijon, le 15.10.19. .

Messieurs,
Nous vous remercions de votre lettre du 10 octobre dernier et de
votre virement postal ue 21 000 F.

Quant au solde créditeur de 1 750 F, nous nous permettons
d'attirer votre attention sur le fait que notre offre du 4 avril de cette
année, sur laquelle vous vous basez, n'était valable que pour trois
mois. Par suite de la hausse constante des cours de matières premières, nous avons été obligés d'augmenter nos prix. Ce changement
de tarif vous a été communiqué par notre circulaire du 10 juillet
dernier.

Nous regrettons vivement de ne pouvoir vous donner satisfaction
et espérons recevoir, très bientôt, le paiement du solde de notre
facture.

Avec nos remerciements anticipés, veuillez agréer, Messieurs,
l'expression de nos sentiments les meilleurs.

LE DIRECTEUR:

PAULUS

Objet:
V/lettre du 29/11/. .   Paris, le 3.12.19. .

Messieurs,
Nous vous remercions infiniment de votre commande complé-
mentaire de machines à écrire et avons l'honneur de vous accorder
l'ouverture de compte que vous avez sollicitée.

Toutefois, nous vous rappelons que toutes sommes exigibles depuis
3 mois et plus, doivent être réglées avant ouverture de tout compte.
De plus, nous exigeons deux références de banques à titre de garantie.

Nous vous serions donc reconnaissants de nous faire parvenir, dès
que possible, un chèque en règlement des livraisons antérieures.

A l'avenir, nous vous enverrons des relevés mensuels de factures et
nous vous accorderons un escompte de 5% pour tout paiement
comptant.

Veuillez agréer, Messieurs, nos salutations empressées.

LE DIRECTEUR:

MARTINEZ

Machines à écrire EXPRESS,
11, rue Voltaire,
75011 PARIS (11e)

A l'attention de M. MARTINEZ   Le Havre, le 10.12.19. .

Monsieur,

Nous vous accusons réception de votre lettre du 3 décembre dernier, dans laquelle vous attirez notre attention sur le fait que nous avons dépassé l'échéance de vos dernières factures. Après vérification de nos livres comptables, nous pouvons vous affirmer que ce retard est simplement dû à une omission de notre part. M. PENET, notre chef comptable, après un congé de maladie assez prolongé, n'a repris son poste que depuis deux semaines et est en train de mettre nos comptes à jour. Veuillez donc accepter nos plus sincères excuses pour ce retard indépendant de notre volonté.

Ci-joint, nous vous adressons en règlement de notre compte, un chèque de 10 385 F pour lequel nous vous prions de bien vouloir nous envoyer un reçu dûment rempli.

A titre de garantie, nous vous indiquons les banques BNP et CL, lesquelles se tiendront à votre disposition pour vous fournir tous renseignements qu'il vous plaira de leur demander.

Veuillez agréer, Monsieur, nos meilleures salutations.

SIMONET

P.J.: Chèque

Monsieur G. MOGALI
Représentant
12, rue des Alliés
21000 DIJON

Marseille, le 10.9.19..

Monsieur,

· Nous venons de recevoir votre lettre du 3 septembre dernier, ainsi que votre paiement partiel de 200 F pour lequel vous trouverez, ci-joint, notre avis de crédit.

Nous regrettons vivement que vous éprouviez des difficultés à faire rentrer vos créances. Nous-mêmes, nous ne pouvons pas différer plus longtemps le recouvrement de nos propres créances, car nous devons aussi honorer nos engagements. Nous sommes reconnaissants de votre dernier paiement partiel, mais vous rappelons que votre dette envers nous s'est accrue continuellement au cours des derniers mois et atteint ce jour 4 000 F.

En raison de nos anciennes relations commerciales, il nous serait très pénible d'avoir recours à des mesures extrêmes. C'est pourquoi, nous vous demandons de nous couvrir le plus rapidement possible. Afin de pouvoir solder votre compte fin août prochain, nous accepterions, exceptionnellement, dix paiements partiels de 400 F chacun, règlables en dix traites mensuelles à échéances échelonnées. Entre-temps, nous ne ferons livraison que contre paiement comptant.

Nous sommes convaincus que vous comprendrez notre effort de conciliation et espérons que vous accepterez nos propositions. Si nous ne recevons pas votre accord dans la huitaine qui suit, nous nous verrons obligés de remettre cette affaire à notre service du contentieux pour recouvrement de dettes par voie judiciaire.

Veuillez agréer, Monsieur, nos salutations distinguées.

LE DIRECTEUR :

VOGIN

P.J. : Avis de crédit.

EXERCICE 1

Traduisez la lettre suivante en français:

3rd February, 19. .

Maison Polset,
45, rue de Genève,
69001 LYON.

Dear Sirs,

Thank you for your order for fifty vacuum cleaners which we have received this morning through our agent in your district.

Before we can deliver these cleaners, we must point out that our invoices of last August still remain outstanding. We are referring to invoice No. 31 for 350 F and invoice No. 54 for 1275 F. No doubt, you have overlooked these amounts and we should be most grateful if you could let us have a cheque in settlement by return.

As soon as we have received payment for the August accounts, we shall despatch the new order which you have been kind enough to place with us. We also take this opportunity of enclosing our latest catalogue which has been translated into French for the convenience of our customers abroad.

We look forward to receiving further orders from you and remain,

Yours faithfully,

Enc.

EXERCICE 2

10th March, 19..

Maison Polset,
45, rue de Genève,
69001 LYON.

Dear Sirs,

We are reverting to our letter of 3rd February and to your order for fifty vacuum cleaners which is waiting for delivery.

We are rather surprised that you have not bothered to reply to our letter. Our agent who called on you on 25th February reported to us that you were unable to make any payment.

In view of the fact that these amounts have now been outstanding for more than six months, we are afraid that we must insist that you let us have at least part payment by return of post.

We shall also be glad to receive an explanation from you as to why there is this long delay.

We repeat that your latest order will be despatched as soon as we have received payment of the August invoices.

Yours faithfully,

EXERCICE 3

Reply to the above letter and apologize for this delay. Explain that you are having difficulty in collecting outstanding amounts from your own customers and promise payment by the end of March. In the meantime you would be glad to receive the fifty vacuum cleaners ordered, payment for which will be made on receipt of the goods.

Relations avec les services douaniers

Maison HAMBOURGER,
S.à.r.l.
12, rue de la Mésange,
57000 METZ

Londres, le 16.12.19...

Messieurs,

C'est avec grand regret que nous apprenons, par votre lettre du 12 décembre dernier, que l'Administration des Douanes vous a infligé une amende sur notre dernière livraison.

Comme vous le savez vous-mêmes, nous avons exporté des chapeaux de tous genres vers la France pendant de nombreuses années, sans avoir rencontré de difficultés jusqu'à présent. Vous nous reprochez de n'avoir indiqué sur notre facture d'origine que les qualités et d'avoir omis de préciser les tailles des chapeaux. Nous réitérons que nos exportations vers la France n'ont jamais été frappées d'amende et cette dernière décision nous laisse perplexes.

Ci-joint, vous trouverez une nouvelle facture d'origine en triple exemplaire, avec indications précises sur les quantités, qualités et tailles des chapeaux et nous vous prions de faire acheminer l'original aux services douaniers compétents, en les priant de rembourser l'amende injustement perçue.

Veuillez nous tenir au courant des suites de cette affaire afin que nous puissions éventuellement entreprendre les démarches nécessaires.

Nous exprimons à nouveau notre regret pour ce contre-temps et souhaitons un règlement rapide de cet incident.

Veuillez agréer, Messieurs, l'expression de nos sentiments dévoués.

LE CHEF DU SERVICE EXPORTATION

B. BROWN

P.J. : 3 factures

Messrs. CHARLTON & SMITHSON Ltd.
43, Grosvenor Street,
LONDON, W.I

Metz, le 28.12.19. .

Messieurs,

Nous vous accusons réception de votre lettre du 16 courant, ainsi que de votre nouvelle facture destinée aux services douaniers.

Comme suggéré par vous, nous avons à nouveau contacté l'administration des douanes et soumis votre nouvelle facture avec prière de rembourser les droits déjà perçus.

Jusqu'à présent, nous n'avons pas réussi à faire valoir notre demande. Mais nous avons appris que de nouvelles dispositions commerciales sont entrées en vigueur le 1er octobre dernier et que depuis cette date, toute importation d'habillements est passible d'un droit de 3%. Nous avons également appris que ces nouvelles lois ont été déposées le 15 juillet dernier dans tous les consulats français à l'étranger et que les entreprises exportatrices en ont été avisées.

Dans ces conditions, nous vous demandons de bien vouloir nous créditer du montant de ces droits de douane, à savoir 83,50 F.

Veuillez agréer, Messieurs, nos salutations distinguées.

P. HAMBOURGER

Maison DUPUIS & FILS,
Agence d'expédition,
59000 LILLE

Londres, le 2 décembre 19..

Messieurs,

La maison BECHET de Sedan, magasin de jouets, nous a priés de bien vouloir entrer en relations avec vous. D'après les informations que nous avons reçues, il semble que vous ayez fréquemment affaire aux services douaniers de Calais. C'est pourquoi, nous vous serions reconnaissants d'intervenir, pour nous, dans le cas suivant:

Le 10 novembre dernier, les bureaux douaniers de Calais ont reçu une livraison de poupées destinée à la Maison BECHET. Malgré nos démarches auprès du service douanier G.B./9, nous n'avons pas encore réussi à faire dédouaner ces marchandises. Il semble que nos facture proforma et certificat d'origine ne soient pas en règle. Pour que vous ayez un meilleur aperçu de la situation, nous vous envoyons, ci-joint, copies de la correspondance échangée et des documents. Nous vous prions de bien vouloir vous mettre de toute urgence en contact avec le service douanier cité ci-dessus, afin que les marchandises en question puissent être dédouanées et mises sur le marché avant les fêtes de Noël.

Veuillez nous faire connaître dès que possible le résultat de vos négociations, ainsi que le montant de vos frais et commissions.

Avec nos remerciements anticipés, nous vous présentons, Messieurs, nos meilleures salutations.

CARSON & LOCKE

P.J.

EXERCICE 1

Draft a suitable reply to the letter on page 58, addressed to Messrs. Carson & Locke Ltd., 2 Bennett Lane, Coventry, and explain that you have been able to clear the consignment of dolls on 6th December when they were immediately forwarded to the Maison BECHET at SEDAN, by express. The delay in clearance was due to a misleading description of the dolls on the proforma invoice and after this matter was cleared up, no further difficulties were encountered. Fees amount to £5·00 and invoice is enclosed. Offer services and enclose list of charges.

EXERCICE 2

15th September, 19. .

Messieurs Serrier,
Expéditeurs,
CALAIS.

Dear Sirs,

Consignment 4. AC/306

We understand from our customer at Dijon, Messrs. Japy & Fils, that the above consignment has been held up by the French Customs Authorities in Calais.

We are wondering whether you were aware of this delay when you wrote to us on 10th September, confirming that you were present when the consignment was cleared through the customs.

It appears the dispatch note has gone astray and the customs documents are not in order as the weights were incorrectly given.

We should be most grateful if you would get in touch with the Customs Authorities and try and clear up the matter. Our customer at Dijon is in urgent need of this delivery and we shall be glad if you can deal with this matter at once.

We thank you in advance for your assistance and shall be glad to hear from you as soon as the bicycles have been forwarded to Dijon.

Yours faithfully,

EXERCICE 3

Write a suitable reply to the letter on page 57, agreeing to the credit on this occasion. Explain that you will have to reconsider the whole position in the light of these developments.

Représentations

Monsieur J. KULMBACHER,
Ingénieur représentant,
35, rue Limmat,
GENÈVE

Objet:
Représentation suisse.   Birmingham, le 15 juin 19. .

Monsieur,

Nous vous remercions infiniment de votre lettre dont nous avons pris connaissance avec grand intérêt. Nous vous renvoyons par ce même courrier, en recommandé, les documents joints à votre lettre.

C'est avec plaisir que nous aimerions vous confier la représentation suisse de notre Maison, à la condition que nous puissions clarifier certains points:

1 *Commissions:* Le taux de commission que vous exigez nous paraît excessif et nous ne pouvons vous offrir que 3 % du chiffre d'affaires, comme à nos autres représentants étrangers. A ce propos, nous aimerions attirer votre attention sur le fait que cette commission vous est payable non seulement sur les affaires réalisées par votre intermédiaire, mais également sur celles qui nous parviennent directement de votre secteur. Peut-être ce fait vous a-t-il échappé quand vous avez fixé le taux de votre commission?

2 *Conditions de paiement:* Nous avons convenu avec nos représentants étrangers d'établir des relevés trimestriels et nous vous serions reconnaissants de bien vouloir vous conformer à cette règle. Nous nous engageons d'autre part, à vous adresser toutes les sommes dues à titre de commission et de frais de représentation, au plus tard deux semaines après réception de votre compte.

3 *Publicité:* Nous prenons à notre charge tous les frais de publicité et nous vous enverrons régulièrement tout le matériel publicitaire dont vous aurez besoin.

Dans l'espoir que vous accepterez nos conditions de représentation, nous vous prions d'agréer, Monsieur, nos très distinguées salutations.

MANAGER

The Midlands Engineering Corporation,
BIRMINGHAM

Genève, le 22 juin 19. .

Messieurs,

J'accuse réception de votre lettre du 15 courant et vous en remercie. J'ai aussi reçu les documents que vous m'avez renvoyés en recommandé et vous suis reconnaissant de me les avoir fait parvenir aussi rapidement.

En ce qui concerne les questions soulevées dans votre lettre, j'ai l'honneur de les commenter comme suit:

1 *Commission:* Comme vous l'avez souligné avec raison, il existait un malentendu à ce sujet. Quand je vous ai fait part de mes conditions, je ne me rendais pas compte que la commission serait payable sur toutes les commandes provenant de la Suisse et non pas seulement sur celles que je vous transmettrais personnellement. Je suis donc absolument d'accord sur le taux de 3% du C.A. que vous m'offrez.

2 *Conditions de paiement:* Je préfère les relevés mensuels. Mais, comme vous arrêtez les comptes de vos agents étrangers trimestriellement, j'accepte également cette condition et je vous prie donc de rédiger le contrat de représentation en conséquence.

3 *Publicité:* Je vous remercie de votre offre à ce sujet, mais aimerais souligner que le matériel publicitaire destiné à la Suisse devrait être rédigé en trois langues (français, allemand et italien). Si vous deviez rencontrer des difficultés de traduction, je me ferais un plaisir de trouver des traducteurs sur place.

J'ose espérer que nous sommes à présent d'accord sur tous les points et qu'il m'est possible d'envisager la signature prochaine du contrat de représentation.

Veuillez agréer, Messieurs, mes salutations empressées.

J. KULMBACHER

European Agencies Inc.
43 Adelaide Road,
SYDNEY,
Australie

Objet:
Représentation de jouets.   Paris, le 5 mai 19..

Messieurs,

Nous venons d'apprendre par des correspondants de Melbourne que vous êtes en mesure d'accepter d'autres représentations.

Nous cherchons actuellement un représentant digne de confiance, travailleur, résidant à Sidney et qui serait prêt à entreprendre le placement de nos jouets. Nous croyons savoir que vous avez de bonnes relations commerciales avec les grands magasins et les maisons spécialisées en jouets de cette place. Si notre proposition vous intéresse, veuillez nous le faire savoir le plus rapidement possible. Dans l'affirmative, nous vous prions de nous donner votre avis sur le choix d'échantillons que nous devrions vous faire parvenir. Nous vous envoyons, par ce même courrier, notre catalogue le plus récent. Si vous acceptez notre représentation, nous nous efforcerons de vous faire parvenir des catalogues en anglais.

D'autre part, nous attirons votre attention sur le fait que nous sommes l'un des principaux fabricants de jouets de France et donc capables de rivaliser avec les produits japonais et chinois. Tous nos articles sont d'un fini parfait et nos prix sont hors concurrence.

Nous vous accorderons une commission de 5 % du chiffre d'affaires réalisé. En raison de la grande faveur dont jouissent nos articles, vous n'aurez aucune difficulté à placer d'importantes quantités et, dans ce but, nous vous fournirons toutes les brochures publicitaires que vous désirerez.

Dans l'espoir de recevoir très prochainement une réponse favorable, nous vous prions de croire, Messieurs, à nos meilleurs sentiments.

LE DIRECTEUR:

DUMAINE

Entreprise JAEGER,
11, rue des Alpes,
54000 NANCY

Objet:
V/envoi d'échantillons.   Bruxelles, le 6 juin 19..

Monsieur,

Nous vous accusons réception de votre lettre du 3 juin dernier et vous en remercions. Nous avons également reçu aujourd'hui vos échantillons, mais sommes au regret de vous informer que cet envoi nous a occasionné de grosses dépenses. Non seulement avons-nous été obligés de payer un supplément sur le prix du transport, mais également un droit de douane, car votre service exportation n'avait pas rempli correctement le connaissement.

Dans ces conditions, il nous est impossible de présenter votre collection d'échantillons à notre clientèle, à moins que vous ne garantissiez le remboursement de ces dépenses. Dans le cas contraire, nous serons obligés d'augmenter vos prix de catalogue.

Veuillez, d'urgence, nous faire part de vos intentions, et agréer, Monsieur, nos salutations distinguées.

MANGIN

EXERCICE 1

Monsieur Jean Yvel,
Représentant en papeterie,
67000 STRASBOURG.

Dear Sir,

We have just received your report and your statement for the past quarter (1st July to 30th September), and thank you very much indeed for sending us your reports so regularly.

We were interested to read of the many new contacts you were able to make and we hope that substantial orders will be forthcoming. We were sorry to learn that you have received complaints about the blotting paper we sent you in August. We cannot understand why this paper should have been unsatisfactory as we have not received any other complaints. However, we sent you yesterday by airmail a new supply to replace the order in question.

Your statement has been passed to our Accounts Department for payment, although we find your expenses for September rather high. We are allowing these increased expenses this time, but must point out that in future we shall not be able to pay for evening meals taken with customers, nor are we willing to pay for cigars. We much appreciate your efforts, but in view of the low margin of profit, we cannot afford these additional expenses.

We also note that several customers are behind with payments. We hope that you are sending regular reminders to these firms and we suggest that you should explain tactfully that we are unable to execute any further orders until these outstanding accounts are settled.

Our Mr. Slater will be visiting Paris at the beginning of December and would very much like to meet you.

With best wishes,
Yours sincerely,

Export Manager

EXERCICE 2

Write a reply from Monsieur Jean Yvel to Northern Paper Works Limited, Hanger Lane, Liverpool 8, and explain that since your report you have had two more complaints about the blotting paper delivered in August. Suggest it got wet in transit and that this may have caused the stains. Ask for further replacement supplies by air. Explain your surprise about their comments regarding the expenses in view of the greatly increased turnover. Tell them that three of the outstanding accounts have now been paid and that you are getting in touch with a solicitor regarding two of the remaining ones. Ask for exact dates of Mr. Slater's visit to Paris in December.

EXERCICE 3

On the basis of the above correspondence draft the section of Monsieur Yvel's report dealing with the complaint about the blotting paper delivered in August.

Réservations

Hôtel REGINA,
rue Voltaire,
75015 PARIS (11e)

Objet:
Réservation de chambre.   Dunstable, le 5 septembre ..

Monsieur,
Notre chef de ventes, M. Charles Lawrence, se rendra à Paris le 2 octobre prochain, pour visiter le Salon de l'Automobile.

Nous vous serions reconnaissants de bien vouloir réserver à M. Lawrence une chambre à un lit, avec salle de bains, et donnant sur une rue calme.

Veuillez nous confirmer cette réservation par retour du courrier et aussi nous faire savoir si vous disposez d'une salle de conférence pour discussions d'affaires.

Avec nos remerciements, nous vous prions d'agréer, Monsieur, nos salutations les plus distinguées.

La secrétaire:

J. SIMPSON

Miss J. SIMPSON,
The Dunstable Motor Corporation,
DUNSTABLE,
Beds.

Paris, le 8 septembre 19. .

Mademoiselle,

Nous vous remercions de votre lettre du 5 septembre dans laquelle vous nous demandez de réserver une chambre à M. Lawrence à partir du 2 octobre, pour la durée du Salon de l'Auto.

En raison de la grande affluence de visiteurs pour le Salon, toutes nos chambres sont déjà retenues et nous regrettons vivement de ne pouvoir vous donner satisfaction.

Nous nous sommes permis de transmettre votre demande de réservation à l'Hôtel Bellevue qui dispose encore de quelques chambres libres pour la période en question et avons demandé au directeur de cet hôtel de se mettre directement en rapports avec vous.

Nous espérons que M. Lawrence sera content de son séjour en notre ville et qu'il nous fera l'honneur, lors d'une prochaine visite, de descendre dans notre hôtel.

Veuillez agréer, Mademoiselle, nos respectueuses salutations.

LE DIRECTEUR

Monsieur P. SCHNEIDER,
Ingénieur représentant,
Rue de Paris,
67000 STRASBOURG

Paris, le 13 août 19. .

Monsieur,
Comme nous vous l'avons déjà annoncé, quatre de nos directeurs se rendront à la FOIRE INTERNATIONALE DE STRASBOURG et nous aimerions faire les réservations suivantes:
Alors que deux de nos directeurs voyageront seuls, les deux autres seront accompagnés de leur épouse et ils aimeraient tous séjourner dans le même hôtel. Nous proposons soit l'Hôtel des Anglais, soit le Majestic. C'est pourquoi, nous vous prions de bien vouloir réserver, au nom de l'entreprise, les chambres suivantes: 2 chambres à 2 personnes avec salle de bains et 2 chambres à 1 personne sans salle de bains.
De plus, veuillez louer auprès d'une entreprise réputée, 2 voitures à 4 places (CITROËN OU PEUGEOT), sans chauffeur, pour une durée de 4 jours. L'une des voitures devrait se trouver le 2 septembre prochain à l'aéroport de Strasbourg, à partir de 14 h et la deuxième devrait être livrée à l'hôtel au cours du même après-midi.
Nous vous prions d'aller à la rencontre de ces Messieurs. L'heure exacte de leur arrivée vous sera communiquée plus tard.
Dès que vous aurez pris toutes ces dispositions, veuillez nous en donner confirmation.
Avec nos remerciements anticipés, nous vous présentons,Monsieur nos salutations distinguées.

Le Directeur Commercial

Agence de voyages Tisserand,
06000 NICE

Leeds, le 2 février 19..

Messieurs,

Votre agence nous a été recommandée par le Bureau Universitaire de LEEDS qui nous a affirmé que vous vous spécialisez dans les voyages de groupes pour étudiants et jeunes gens.

Nous avons l'intention d'organiser, en juillet prochain, deux voyages d'études en France, et nous aimerions savoir, s'il vous est possible de vous en charger.

Deux groupes de 25 étudiants chacun arriveront respectivement le 10 et 20 juillet à l'aéroport de Nice, d'où ils devraient être conduits en autobus à leurs hôtels. Chaque groupe séjournera 6 nuits à Nice et nous vous serions reconnaissants de leur trouver des chambres convenables. Les jeunes gens sont prêts à partager une chambre à deux personnes et nous préférerions qu'ils prennent leur petit déjeuner à l'hôtel-même. Au cours de leur séjour dans votre ville, nous avons prévu les visites suivantes: Nice et ses musées, Monaco et Menton, les Gorges du Loup et Vence et, finalement, deux soirées théâtrales.

Veuillez nous faire savoir, dès que possible, si vous vous intéressez à ce projet et s'il vous est possible d'en entreprendre l'organisation. Dans l'affirmative, nous vous prions de nous faire connaître exactement le montant des frais, pour que nous puissions calculer le prix 'tout compris' de ces voyages. Au cas où il vous serait impossible de coopérer avec nous, nous vous serions reconnaissants de nous indiquer l'adresse d'une agence de voyages susceptible de nous donner satisfaction.

Veuillez agréer, Messieurs, nos salutations les plus distinguées.

BRITISH STUDENTS' UNION:

LE SECRETAIRE

EXERCICE 1

Write and confirm the arrangements (page 68), wishing the party a good trip and expressing pleasure at being able to welcome them in Strasbourg.

EXERCICE 2

Traduisez en français la lettre suivante:

Hôtel de LYON,   14th June, 19. .
GRENOBLE

Dear Sir,

We wish to organize a meeting of our representatives in France one day during the first fortnight in July and are writing to ask you whether your conference room would be available on either the 8th or 10th July.

There will be about fifty representatives present, two directors and myself. Could you also reserve tables for us for lunch in the restaurant at about 12.30 for the same number.

If neither of the above dates is suitable, we shall be glad if you will let us know by return so that we can change the arrangements. Please let us know the fee for the hire of the conference room at the same time.

Yours truly,

Secretary.

EXERCICE 3
Traduisez la lettre suivante en français:

The Secretary,   14th February 19..
British Students' Union,
10 Gower Street,
London W.C.1

Dear Sir,

Thank you very much for your inquiry of 2nd February regarding the arrangements for two groups of students who will be coming to Nice in July. As you quite rightly say, we specialize in this type of business and shall be only too pleased to make all necessary arrangements for you at this end. Before we are able to quote, we should like to clear up the following points:

Will a coach be required for the return of the students to Nice airport after their stay? Do all students have to be accommodated in the same hotel? Could you give us some more information about the lunch arrangements you wish to be made? Will the students be travelling with their own guide or do you want us to provide an English-speaking guide? We would mention in this connection that if the students understand French, this would reduce the fee for the guide. We assume that on the days when no tours are planned, the students will be free and will not require the services of a guide.

As soon as we receive the above information, we shall work out the cost of all arrangements and will send you our lowest inclusive quotation.

Needless to say, we shall do our best to make the students' stay in Nice as pleasant as possible.

Yours truly,

AGENCE DE VOYAGES TISSERAND

Demandes d'emploi

Société BOUSOIS,
15, rue de Grenelle,
75015 PARIS

Paris, le 5 février 19..

Messieurs,

En réponse à votre annonce parue hier dans *Le Figaro*, j'ai l'honneur de poser ma candidature au poste de secrétaire au siège social de votre entreprise.

J'ai 24 ans et travaille actuellement dans une compagnie d'assurance. Mais, comme je ne me sers pas de mes connaissances de langues étrangères, j'ai l'intention de changer d'emploi.

Je suis originaire de Lyon où j'ai fait toutes mes études. J'ai passé mon baccalauréat en 19.. et ai séjourné au cours des deux années suivantes en Angleterre où j'ai travaillé comme employée de bureau à l'agence londonienne de SWISSAIR. En même temps, j'ai suivi des cours du soir en sténo-dactylographie, ce qui m'a permis d'occuper un poste de sténo-dactylographe au cours des six derniers mois passés en Angleterre.

En 19.., j'ai séjourné pendant neuf mois dans une famille allemande à Munich, pour perfectionner mes connaissances d'allemand. J'ai aussi appris la sténographie allemande.

Je me crois donc qualifiée pour occuper le poste que vous offrez. Si vous désirez me convoquer pour une entrevue, je me permets de proposer le samedi matin et toutes les fins d'après midi.

Veuillez agréer, Messieurs, mes respectueuses salutations.

Suzanne DUPONT

Société FONTON,
2, rue d'Arras,
59000 LILLE

Objet:
Demande d'emploi de traducteur et
d'interprète.

Le 10 février 19..

Messieurs,

Je viens d'apprendre par des relations d'affaires de mon père, que vous cherchez pour le 1ᵉʳ avril prochain un traducteur et interprète trilingue pour votre service d'exportation.

J'ai l'honneur de solliciter cet emploi. Comme vous le verrez dans mon curriculum vitae ci-joint, je suis anglais et ai occupé pendant six ans un poste semblable à celui que vous offrez. Je me permets de souligner que je connais à la perfection l'anglais, l'allemand et le français et mon expérience commerciale s'étend au commerce international.

M. Pierre LEDUC de Londres, qui me connaît depuis mon enfance, et la Maison LEWIS, où j'ai travaillé l'année dernière comme traducteur, vous donneront sur mon compte tous les renseignements qu'il vous plaira de leur demander.

Je suis prêt à me déplacer jusqu'à Lille pour une entrevue au cas où il vous plairait de prendre ma demande d'emploi en considération. Je puis vous assurer, à l'avance, que tous mes efforts tendront à vous donner satisfaction.

Dans l'attente d'une réponse favorable, je vous prie d'agréer, Messieurs, mes respectueuses salutations.

John BROWN

P.J.: curriculum vitae.

AIR FRANCE S.A.,
28, rue de Messine,
75 PARIS (8ᵉ)

Londres, le 20 mai 19..

Monsieur le Chef du Personnel,
    Par une annonce insérée dans le quotidien, *Le Figaro,* j'ai appris que vous cherchez une jeune secrétaire anglaise connaissant la langue française à perfection et possédant de très bonnes vitesses sténographiques et dactylographiques en anglais et en français. Je me permets de poser ma candidature à ce poste.
    Vous trouverez ci-joint un curriculum vitae mentionnant les études effectuées, les postes occupés, accompagné des copies de mes diplômes et certificats de travail.
    Il me sera possible de quitter l'emploi que j'occupe actuellement après un mois de préavis et par conséquent je pourrai être disponible un mois après réception de votre lettre d'engagement.
    Je suis à votre entière disposition pour tous les compléments d'information que vous pourriez désirer et dans l'espoir que ma candidature retiendra votre attention, je vous prie d'agréer, Monsieur le Chef du Personnel, l'expression de mes sentiments distingués.

Susan CASTLE

P.J.: 1 curriculum vitae
      3 copies de diplômes
      2 certificats de travail

Nom	Susan CASTLE née le 26 octobre 19..
Adresse	27, Sunrise Mews LONDON SW8 Grande-Bretagne
Etudes	— équivalence Baccalauréat (19..) — Diplôme de secrétaire bilingue, délivré par le Collège de Secrétariat Bilingue de l'Institut Français de Londres (19..) — Examen de traductrice de la Chambre de Commerce de Paris (19..)
Postes occupés	— du 15.9.19.. au 20.7.19..: secrétaire du directeur de l'Hôtel de la Poste à Genève (Suisse) — du 8.8.19.. jusqu'à ce jour: secrétaire du directeur à l'exportation de la Société Alimentaire LIEBIG à Londres.
Séjours à l'étranger	Outre mes séjours en France et en Suisse, j'ai passé plusieurs étés comme étudiante en Allemagne.
Langues pratiquées	Je parle et écris couramment le français et peux soutenir aisément une conversation courante en allemand.

EXERCICE 1

Traduisez en français la lettre suivante:

22nd January, 19..

Messrs. Charles Smith & Co. Ltd.,
45 Victoria Street,
London S.W.1

Dear Sirs,

For the attention of M. Paul Dupre

Having seen your advertisement in *The Times* of 20th January, I am writing to apply for the post of French shorthand-typist and correspondent in your travel agency.

Two years ago I spent six months in England in order to improve my knowledge of the language. I was employed by the French Tourist Office and I am sure the manager of that organization would tell you all about my qualifications. I am conversant with the travel business in all its aspects as I have been employed in a large travel agency in Madrid for the last year or so. I should very much like to return to England and that is why I am hoping that you will consider my application.

May I add that apart from French and English I also have a sound knowledge of Spanish and Portuguese. My typing speed is sixty words per minute and I write shorthand in English, French and Spanish.

Yours faithfully,

EXERCICE 2

Reply to the following advertisement in French:

Large toy manufacturer in Lille requires French-English translator for export department. Candidates must be bilingual and able to type. Applications giving age, experience and salary required, to B.P. 135b, LILLE.

Offres d'emploi

Quand une entreprise veut engager de nouveaux employés, elle met une annonce dans un journal. Cette annonce paraîtra dans un des grands quotidiens français, comme *Le Monde* ou *Le Figaro*, ou dans un journal régional.

Voici quelques exemples:

RANK XEROX à Strasbourg, recherche:

— représentants (gains élevés)

— adjoints administratifs (Nancy-Dijon)

— hôtesses

diplômés HEC.

Importante Société Commerciale de produits sidérurgiques en plein développement cherche pour Dijon

SECRETAIRE GENERAL

formation juridique et commerciale.

Age: 28-40 ans

avec sérieuses références, devant posséder déjà une certaine expérience.

Situation de cadre.

Conditions de départ intéressantes et larges possibilités d'avenir si capable.

Ecr. B.P. 35-436.

Société Winterthur-Vie à Paris cherche candidat pour poste d'Inspecteur adjoint, bilingue, stage de formation payé (à Paris) ensuite rémunération fixe + commissions et frais. S'adresser à: Inspecteur Divisionnaire, 80 rue du Bac à Strasbourg - Tél. 32.48.81.

RHOVIL à Metz, Moselle, cherche collaborateur pour service exportation. Devrait voyager souvent à l'étranger, français, allemand, anglais souhaitables.

La Société POROLA, importation et vente en gros de fruits et légumes, première maison sur le Marché européen, dispose de plusieurs postes à pourvoir dans un proche avenir: ouverture de nouvelles succursales, réorganisation du groupe. S'adresser au service du placement·

IMPORTANTE SOCIETE
prox. gare LE PECQ
recherche

SECRETAIRE
DE DIRECTION
FRANÇAIS–ANGLAIS

— Cantine.
— Samedi libre.

Ecr. à 7 832, Publicity Agence, bd des Italiens, Paris 6e, qui transmettra.

LIBRAIRIE LA FONTAINE
recherche

EMPLOYES

habitant Paris, pr assurer revue de presse. Se prés.: service du personnel.
(Samedi excepté.)

rue Pierre DUPRE (2e étage) Paris 5e.

SOCIETE PARIS
cherche
SECRETAIRE

DIRECTION 30-40 ans

bon. rédact., sténo-dactylo, connaiss. allemand, anglais, bonne présentation, capable initiative et responsabilité.

Lettre manuscrite, C.V. et prétentions à n° 8694 PATHE, rue du Berry, Paris 6e

---

82

3

La ponctuation

Elle isole les différents éléments de la phrase et donne plus de clarté à l'expression de la pensée.

1. LE POINT marque la fin de la phrase.
   Ex. J'ai rédigé cette lettre.
Le point se place aussi après les abréviations courantes.
   Ex. s.v.p. (s'il vous plaît)
   M. (Monsieur)
   chap. (chapitre)
   S.A. (Société anonyme)
   Par contre les unités légales qui sont représentées par des lettres ou groupes de lettres, appelés symboles, s'écrivent sans point final. A noter que les symboles d'unités monétaires commencent toujours par une lettre majuscule: F, FB, FS, etc. . . . Les symboles des autres unités commencent toujours par une minuscule: g, kg, q, t, etc. . . .

2. LA VIRGULE sépare:
— des mots ou groupes de mots de même nature non coordonnés.
   Ex. La qualité des matières premières, la finition du travail et le prix très bas permettent d'offrir un produit hors concurrence.
— les mots en apposition.
   Ex. Un très bon client, la Société des Docks, nous a transmis une importante commande.
— la proposition intercalée.
   Ex. La marchandise, que j'ai reçue, était d'excellente qualité.
— les propositions juxtaposées.
   Ex. La tâche d'un représentant est très étendue et délicate, parce qu'il transmet les commandes qui lui sont confiées, qu'il avertit des affaires en vue, qu'il documente enfin son employeur sur la valeur professionnelle et la solvabilité des clients qu'il visite.
— les propositions subordonnées précédant la principale.
   Ex. A mesure que les livraisons seront faites, nous paierons vos factures.
— enfin, dans les lettres commerciales, on place une virgule après l'interpellation.
   Ex. Monsieur, nous avons bien reçu votre lettre.

3. LE POINT-VIRGULE sépare 2 éléments de phrase se rattachant à la même idée générale, mais ayant un sens complet.

   Ex. Les conditions du marché nous obligent à vous imposer cette augmentation; cependant, en raison de nos bonnes relations, nous ramenons cette hausse de 20% à 10%.

4. LE DEUX POINTS introduit:
   — une citation, un discours direct:
      Ex. Il dit: 'Me voici.'
   — une énumération:
      Ex. Nous vous passons la commande suivante: 12 bicyclettes pour dames, 12 bicyclettes pour hommes et 6 bicyclettes pour enfants.
   — une explication (cause ou conséquence):
      Ex. Objet: Votre lettre de commande.

5. LE TIRET ET LE POINT D'INTERROGATION s'emploient comme en anglais.

6. LE POINT D'EXCLAMATION marque un tour exclamatif.
   Ex. Hélas !

7. LES PARENTHÈSES isolent une réflexion qui vient couper la phrase et s'emploient comme en anglais.

8. LES GUILLEMETS encadrent les paroles que l'on rapporte textuellement.
   Ex. Le voyageur dit: 'Je n'ai rien à déclarer.'

Les coupures

La secrétaire est parfois obligée de diviser des mots en fin de ligne.
Elle doit observer les règles suivantes:

1. On coupe le mot entre deux syllabes et si possible en son milieu.
   Ex. déri-vation
On peut aussi couper le mot entre deux consonnes redoublées.
   Ex. ir-régulier

2. On ne coupe jamais:
— un mot court, comme 'sans'.
— un nom propre de personne, comme 'Dumaine'.
— les mots importants dans une phrase, de peur de diminuer leur portée, comme 'essentiel'.
— un nombre, comme une somme d'argent ou un numéro de compte bancaire ou de CCP.
— le mot à la fin de la dernière ligne d'une page.
— la dernière syllabe muette d'un mot, comme 'petite'.
— un mot entre deux voyelles, comme 'création'.
— ni avant, ni après un 'y' ou un 'x' suivi d'une voyelle, comme 'voyage'.
— ni tout de suite après la première lettre, comme 'écrire'. Ne pas écrire 'é-crire'.
— ni à l'endroit d'une apostrophe, comme 's'il'.
   Ne pas écrire 's'-il'.

Exercice d'application

Séparer les mots suivants:

disposer	intention	commerçant
automobile	personne	décrivant
fournisseur	différent	supérieur
nerveux	production	enrichissement
main-d'œuvre	décision	magnifique
commande	première	réception
factures	application	réclamation
ressembler	transcrite	procure
directement	commission	au-dessus
verbal	maintenant	habitude
bâtiment	hypothèse	

Monnaies, mesures et poids

1. Composition de la monnale française, belge et suisse:
   L'unité monétaire est le franc, divisé en 100 centimes.

Monnaie	Pièces		Billets
	Centimes	Francs	Francs
française	1;2;5; 10;20;50.	1;5;10; 50.	10;50;100; 500.
belge	25;50.	1;5;10.	20;50;100; 500;1000;5000.
suisse	5;10;20; 50.	1;2;5.	10;20;50; 100;500;1000.

2. Les mesures de longueurs sont:
   1 kilomètre (km)=1000 mètres (m)=1093,61 yards
   1 mètre=100 centimètres (cm)=1000 millimètres (mm)=3,28 ft.
   1 mile=1600 m
   1 yard=0,9 m
   1 foot ou pied=0,3 m
   1 inch ou pouce=2,5 cm

3. Les mesures de poids sont:
   1 tonne (t)=0,98 ton
   1 quintal (q)=100 kg=222 lb.
   1 kg=2 livres=1000 g=2,2 lb.
   1 ton=environ 1000 kg
   1 lb.=0,45 kg
   1 ounce (oz) ou once=28 g

4. Les mesures de capacité sont:
   1 litre (l)=1,76 pints
   1 pint = 0,6 litres
   1 gallon = 8 pints = 4,5 litres

5. Les mesures de température:
   L'unité se mesure en degré Celsius ou degrés centésimaux.
   0°C = 32°F   100°C = 212°F

   Conversion des degrés centésimaux et Fahrenheit:
   $C = \frac{5}{9} (F-32)$ $F = \frac{9}{5} (C+32)$

Les désignations géographiques

1. PAYS ET CONTINENTS:

Les pays qui se terminent sans 'e' sont du masculin:

    Ex. le Portugal

    le Danemark

    le Canada

Les pays qui se terminent par 'e' sont donc du féminin:

    Ex. la Suisse

    la Belgique

Exception: le Mexique

Les noms de pays et de continents sont toujours précédés de l'article. Parfois l'article est élidé quand le nom commence par une voyelle ou par un 'h' muet:

    Ex. l'Europe

L'article est omis quand le nom est précédé de la préposition 'en':

    Ex. Il va en France

    Nous voyageons en Italie

    Je demeure en Angleterre

Ceci ne s'applique pas aux noms au pluriel:

    Ex. Il va aux Etats-Unis

    Il demeure aux Pays-Bas

Les différents continents sont: l'Afrique, l'Amérique, l'Asie, l'Australasie, l'Europe.

Les différents pays européens sont: l'Albanie, l'Allemagne, l'Autriche, la Belgique, la Bulgarie, le Danemark, l'Espagne, la Finlande, la France, la Grande-Bretagne, la Grèce, la Hongrie, l'Irlande, l'Islande, l'Italie, le Liechtenstein, le Luxembourg, la Norvège, les Pays-Bas, la Pologne, le Portugal, la Roumanie, la Russie, la Suède, la Suisse, le Vatican.

Les principaux pays de la Grande-Bretagne sont: l'Angleterre, l'Ecosse, l'Irlande du Nord, le Pays de Galles.

D'autres grandes puissances sont: les Etat-Unis *ou* les U.S.A., l'U.R.S.S.

2. LES DIVISIONS FRANÇAISES sont les anciennes provinces et les départements actuels.

Les provinces françaises sont du féminin et sont appelées p. ex.: la Bourgogne, la Normandie, la Lorraine, l'Alsace, la Bretagne, la Picardie etc...

Les départements français sont plus nombreux et la liste est reproduite dans la première partie de ce livre.

3. LES NOMS DE VILLES ne sont pas précédés d'articles.
   Ex. Paris, Lyon, Genève, Londres, Bruxelles, Anvers, Edimbourg,
   Gênes, Venise, Reims etc...
   Le genre des villes suit la même règle que les pays :
   Ex. le gai Paris
   Rome sauvée
   Les noms de villes sont précédés de 'à' pour exprimer le lieu :
   Ex. Il va à Madrid
   Je demeure à Londres
   Cependant, on utilise 'en' devant certaines villes du Midi de la
   France :
   Ex. Il va en Avignon
   Il demeure en Arles

4. LES MERS, LES LACS ET LES RIVIÈRES EN FRANÇAIS :
   La Mer Baltique, l'Océan Pacifique, la Mer du Nord, la Manche,
   la Méditerranée, le lac de Constance, le (lac) Léman, le lac des
   quatre cantons ou le lac de Lucerne, la Tamise, le Rhin, etc...

Le genre des mots étrangers et noms propres

COMMERCE
le boom, le boycott, l'interview (*f*), le meeting, le Lloyd, le warrant

PERSONNES
le manager, le steward, la stewardess

ANNUAIRES
le Bottin, le Larousse, l'Indicateur Officiel de la SNCF (*m*)

VEHICULES
la Citroën, la Peugeot, la Vespa, la Simca, la Fiat, la Ford, l'Austin (*f*)

AVIONS
le Boeing, le Comet, le Concorde, le Mirage, le DC6, la Caravelle

COMPAGNIES AERIENNES
Air France (*m*), British Airways (*f*), TWA (*f*) Lufthansa (*f*)

TISSUS
le tweed, le nylon, le perlon, le jersey, l'orlon (*m*)

HABITS
le sweater, le pullover, le smoking, le twin-set

APPAREILS DE PHOTO
la caméra, le Kodak, le Leica

SPORTS
le hockey, le tennis, le cricket, le match, le foot-ball, l'Olympiade (*f*), le jockey, le basket-ball, le base-ball, le footing

LOCAUX
le bar, le club, le dancing

NOURRITURE
le pudding, le sandwich, le bifteck, le hot-dog, le hamburger, le bacon, les cornflakes

BOISSONS
le whisky, le gin, la vodka, le cocktail, la Guinness, le Porto, le Schweppes

Les abréviations

Il est rare qu'un texte ne comporte pas d'abréviations. En principe une abréviation s'obtient:

— en ne conservant que la première syllabe et la première lettre de la deuxième syllabe du mot considéré, l'ensemble étant suivi d'un point. Ex: *janv.* pour janvier.

— ou en joignant la première lettre au groupe des dernières lettres ou à la dernière. Ex: *qd* pour quand, *ns* pour nous. Dans ce cas il n'y a pas de point après l'abréviation.

Toutefois, cette manière de faire risque de créer de nombreuses confusions et c'est pourquoi elle ne doit être utilisée que pour les travaux internes.

Certaines abréviations ont été consacrées par l'usage ou ont été normalisées:

arr.	arrondissement, *administrative districts*
art.	article, *article*
av.	avenue, *avenue*
B.N.P.	Banque Nationale de Paris, *well-known French Bank*
B.P.F.	bon pour francs, *value in francs*
bd.	boulevard, *boulevard*
c.à.d.	c'est-à-dire, *i.e.*
C.F.T.C.	Confédération française des Travailleurs Chrétiens, *French Confederation of Christian Workers*
C.G.T.	Confédération Générale des Travailleurs, *French Trade Union*
caf	coût, assurance, fret, *c.i.f.*
chap.	chapitre, *chapter*
Cie.	Compagnie, *company*
CL	Crédit Lyonnais, *French bank*
cpte	compte, *account*
ct	courant, *instant*
dep.	département, *department*
Dir.	directeur, *director*
Dr	docteur, *doctor*
dz.	douzaine, *dozen*
E.V.	en ville, *local (for mail)*
env.	environ, *approximately*
Ets	Etablissements, *establishments, concerns*
exp.	expéditeur, *sender*
F.O.	force ouvrière, *labour force*
fco	franco, *free of charge*
fg	faubourg, *suburb*
fob	free on board, *free on board*
fre	facture, *invoice*
id.	idem, *idem*
H.T.	hors taxes, *exclusive of tax*
M.	Monsieur, *Mr*
MM.	Messieurs, *Messrs*
Me	Maître (avocat), *title applied to advocates*

Mlle *ou* Melle	Mademoiselle, *Miss*
Mlles *ou* Melles	Mesdemoiselles, *Misses*
Mgr	Monseigneur, *Monseigneur*
Mme	Madame, *Mrs*
Mmes	Mesdames, *Mrs* (*plural*)
n/	notre, *our*
N.B.	Nota Bene, *N.B.*
O.N.U.	Organisation des Nations Unies, *U.N.O.*, *United Nations*
O.T.A.N.	Organisation du Traité de l'Atlantique Nord, *N.A.T.O.*
p. ex.	par exemple, *for example*
p.p. *ou* P. Pon	par procuration, *per procura*
P.S.	post scriptum, *post scriptum*
P.J.	pièce jointe, *enclosure*
P. & T.	Poste et télécommunications, *Post Office*
P.T.T.	Poste, Télégraphe, Téléphone, *Post Office*
pl.	place, *place*
r.	rue, *street*
R.C.	Registre du Commerce, *register where all firms are booked*
R.T.F.	Radio Télévision française, *French Radio and Television*
S.A.	Société Anonyme, *public limited company*
S.A.R.L. *ou*	
S. à r.l.	Société à responsabilité limitée, *private limited company*
S.G.D.G.	Sans garantie du gouvernement, *without Government guarantee*
S.N.C.F.	Société nationale des chemins de fer français, *French Railways*
s.v.p.	s'il vous plaît, *please*
Sté	Société, *society*
T.T.C.	toutes taxes comprises, *inclusive of tax*
T.V.A.	taxe à la valeur ajoutée, *value added tax*
v/	votre, *your*

4 Renseignements

Horaires

Une secrétaire doit savoir utiliser les indicateurs horaires des divers moyens de transport, c'est-a-dire savoir trouver tous les renseignements nécessaires au déplacement envisagé: horaires, correspondances, dates de circulation, locations de places.

EXERCICE

Vous êtes secrétaire dans une maison d'importation de vins d'Alsace, située à Londres. Votre directeur doit se rendre pour raisons d'affaires, à Neuf-Brisach, Haut-Rhin, France. Vous lui conseillez de prendre l'avion de Londres à Bâle/Mulhouse, le train jusqu'à Colmar et l'autocar jusqu'à Neuf-Brisach.

A cet effet, vous avez l'intention de préparer une note indiquant les heures de départ et d'arrivée à chaque étape de l'itinéraire proposé. Cherchez ces horaires dans les extraits d'indicateurs officiels ci-après.

D'autre part, le choix de l'itinéraire et des horaires pourra dépendre des questions suivantes:

1. Quelle est la durée du vol? Est-ce un vol direct sans escale?
2. Est-ce qu'on offre un repas pendant le vol? Alternativement, est-ce que le temps d'arrêt à Colmar est suffisant pour prendre un repas?
3. Y a-t-il suffisamment de temps entre les heures d'arrivée de l'avion et de départ du premier train pour se rendre de l'aéroport à la gare de Mulhouse? Le trajet par car dure environ 30 minutes.
4. Quelle correspondance de train est préférable et pourquoi?
5. Est-il possible d'arriver à Neuf-Brisach par le premier car de la journée?

LONDON—BASLE/MULHOUSE

DEPART London, Heathrow Airport. BE flights: Terminal 1 (Minimum check-in time at pier gate 20 mins)
Other flights: Terminal 2 (Minimum check-in time 40 mins)
ARRIVE Basle/Mulhouse Airport

Frequency	Aircraft		Via	Transfer Times	Flight	Aircraft	Class & Catering	
	Dep	Arr						
Daily	1005	1135	non-stop		SR823	DC9	FY	
Su	1255	1425	non-stop		BE584	TRD	Y	✕
Daily ex Sa Su	1710	1840	non-stop		BE586	TRD (a)	Y	⁋⁋
Sa	2210	2340	non-stop		SR883	DC9	YN	

(a)— B11 on Tu Th.

✕ —Meal—i.e. full breakfast, lunch, dinner or supper
Repas—petit déjeuner anglais, déjeuner, diner ou souper

⁋⁋ —Flight snack/Continental breakfast/Refreshments/Afternoon tea
Collation/petit déjeuner

⫿ —Beverage service
Boissons non-alcoolisées
Kaffeegedeck

(✕) —Meal first class; flight snack or beverage service tourist
Repas première classe; collation ou Boissons non-alcoolisées classe économique

(⁋⁋) —Flight snack first class; beverage or bar service tourist
Collation première classe; service bar ou boissons non-alcoolisées classe économique

Extrait de l'indicateur de la British Airways

Bâle ● Mulhouse ● Strasbourg

		Exp 1044	7834	7838	7836 AUTORAIL	Exp 1636	Rap 5172/3 TURBOTRAIN	Exp 11636	8236 AUTORAIL	Exp 11636	Exp 1228/9	Exp 390	8238 AUTORAIL
Identification du train		1-2	1-2	1-2	1-2	1-2	1-2	1-2	1-2	1-2	1-2	1-2	1-2
Prestations	Places assises / Places couchées / Restauration / Particularités	✕ R					✕ R	4				R	

Tab Km		Exp 1044	7834	7838	7836	Exp 1636	Rap 5172/3	Exp 11636	8236	Exp 11636	Exp 1228/9	Exp 390	8238
							Lyon tab. 155					Milano tab. T 1	
0	**Bâle (HEC)**	10 40				11 56						14 54	14 17
7	Saint-Louis (Ht-Rhin) (HEOr)	11 49				13 05			13 11			16 03	15 25
10	Saint-Louis-la-Chaussée								—				15 28
14	Bartenheim								13 18				15 33
17	Sierentz								13 22				15 38
21	Schlierbach								13 27				15 42
27	Habsheim								13 32				15 48
29	Rixheim								13 35				15 50
34	**Mulhouse** A	12 04				13 20			13 42			16 19	15 57
155 49	*Belfort*						12 59						
0	*Mulhouse* A						13 25						
159	**Mulhouse**	12 14		12 12	12 35		13 28	15 16		15 31	16 11	16 21	
37	Mulhouse-Dornach			12 18	12 39								
40	Lutterbach (Haut-Rhin)			12 22	12 43								
44	Richwiller			12 26	12 48								
47	Wittelsheim			12 31	12 52								
48	Staffelfelden			12 34	12 55								
51	Bollwiller			13 00	13 00								
55	Raedersheim			13 05	13 05								
58	Merxheim			13 09	13 09								
63	Rouffach			13 15	13 15								
69	Herrlisheim-près-Colmar			13 21	13 21								
71	Eguisheim			13 25	13 25								
75	**Colmar**			13 30	13 30		13 52	15 42		15 57	16 37	16 46	

Extrait de l'indicateur de la SNCF

Colmar ■

191				11 54	17 09
65	Strasbourg			12 20	17 34
22	Sélestat			12 38	17 47
0	Colmar	A			

Identification du train			381 AUTOCAR	383 AUTOCAR
Tab Km				
0	Colmar	⊙	13 00	18 35
8	Sundhoffen	⊙	13 11	18 46
10	Appenwihr	⊙	13 15	18 50
14	Wolfgantzen	⊙	13 21	18 56
17	Neuf-Brisach (ville)	⊙	13 27	19 02
18	Neuf-Brisach (gare)	⊙ A	13 31	19 06

1 • les ① sauf les 30-V et 15-VIII:
• 31-V et 16-VIII.

■ Neuf-Brisach

Identification du train			380 AUTOCAR
Tab Km			
0	Neuf-Brisach (gare)	⊙	6 31
1	Neuf-Brisach (ville)	⊙	6 38
4	Wolfgantzen	⊙	6 43
8	Appenwihr	⊙	6 48
10	Sundhoffen	⊙	6 52
18	Colmar	A	7 02

191	18	Colmar	A	7 13	7 21	7 13
	40	Sélestat	A		7 34	7 27
	83	Strasbourg	A	7 54	8 00	7 54

2 • sauf les ① et sauf les 31-V et 16-VIII:
• les 30-V et 15-VIII.

Extrait de l'indicateur des autocars

95

Jours fériés en France

1 er janvier	le jour de l'an	New Year's Day
	le lundi de Pâques	Easter Monday
1 er mai	la fête du travail	Labour Day
	le jeudi de l'Ascension (10 jours avant la Pentecôte)	Ascension Thursday
	le lundi de Pentecôte	Whit Monday
14 juillet	la fête nationale	Bastille Day
15 août	l'Assomption	Feast of the Assumption
1 er novembre	la Toussaint	All Saints' Day
11 novembre	le jour de l'Armistice	Armistice Day
25 décembre	le jour de Noël	Christmas Day

Calendrier des salons internationaux français
Calendar of French trade shows

Dates Dates	Manifestations et emplacements *Exhibitions and venues*
janvier	Salon International du Tapis et des Revêtements de Sols *International Carpet and Floor Coverings Exhibition* Parc des Expositions, Porte de Versailles, 75015 Paris.
	Salon International du Luminaire *International Lighting Exhibition* Parc des Expositions, Porte de Versailles, 75015 Paris.
	Salon International du Meuble *International Furniture Exhibition* Parc des Expositions, Porte de Versailles, 75015 Paris.
	Salon International de la Navigation de Plaisance *International Pleasure Boat Show* Journées Professionnelles Trade-Days C.N.I.T., 4 Place de la Défense, 92806 Paris-Puteaux.
	Salon Commercial et Professionel des Ateliers d'Art et de Création *Commercial and Professional Art Work-Shops Exhibition* Parc des Expositions, Porte de Versailles, 75015 Paris.
	Salon de la Bijouterie, Joaillerie, Orfèvrerie, Horlogerie, Cadeaux-BIJORHCA *Jewellery, Gold and Silver, Clock-Ware, Gift Week* Parc des Expositions, Porte de Versailles, 75015 Paris.
	Marché International du Disque et de l'Édition Musicale—MIDEM *International Record and Music Publishing Show* Palais des Festivals, 06400 Cannes.
	Salon International 'Audiovisuel et Communication'—AVEC *International Exhibition 'Audiovisual and Communication'* Centre International de Paris (C.I.P.), Porte Maillot, 75015 Paris.
février	Salon International Professionnel de la Papeterie SIPPA *International Stationery Exhibition* Parc des Expositions, Porte de Versailles, 75015 Paris.
	Salon International de la Confiserie, Chocolaterie, Biscuiterie—INTERSUC *International Confectionery, Chocolate, Biscuit Trade Exhibition* Parc des Exposition, Porte de Versailles, 75015 Paris.
	Salon International des Industries de la Maille *International Knitwear Industries Exhibition* Parc des Expositions, Porte de Versailles, 75015 Paris.
	Salon Européen de l'Habillement Masculin—(S.E.H.M.) *European Men's Wear Show* Parc des Expositions, Porte de Versailles, 75015 Paris.
	Salon de la Mode Enfantine *Children's Fashion Exhibition* Parc des Expositions, Porte de Versailles, 75015 Paris.
	Salon International du Jouet *International Toy Fair* Parc des Expositions, Porte de Versailles, 75015 Paris.

mars	Salon International des Arts Ménagers *International Ideal Home Exhibition* Journées professionnells Trade-Days C.N.I.T. 4, place de la Défense, 92806 Paris-Puteaux.
	Salon Professionnel International des Articles de Sports d'Hiver *International Winter Sports Equipment Trade Show of Grenoble* Parc Olympique, 38000 Grenoble.
	Salon International de l'Agriculture *International Agricultural Show* Parc des Expositions, Porte de Versailles, 75015 Paris.
	Salon de la Motoculture de Plaisance—Jardinage *Motor-mowers and Mechanized Gardening Show* Parc des Expositions, Porte de Versailles, 75015 Paris.
	Festival International du Son *International Sound Festival* Centre International de Paris (C.I.P.), Porte Maillot, 75017 Paris.
	Salon International des Industries de la Fourrure SIF *International Fur Industries Exhibition* Parc des Expositions, Porte de Versailles, 75015 Paris.
	Salon International de Prêt à Porter Feminin et 'Section Boutique' *International Ladies 'Ready-to-Wear Clothing' Exhibition and 'Section Boutique'* Parc des Expositions, Porte de Versailles, 75015 Paris.
	Salon International des Industries et Arts du Feu—SIFE *International Week of Tableware* Parc des Expositions, Porte de Versailles, 75015 Paris.
	Salon International des Composants Electroniques (fermé le dimanche) *International Electronic Components Exhibition (closed on Sundays)* Parc des Expositions, Porte de Versailles, 75015 Paris.
avril	Salon 'Le Cadeau et l'Entreprise *'The Business Gift' Show* Parc des Expositions, Porte de Versailles, 75015 Paris.
	Marché International des Programmes de Télévision—MIP-TV *International Television Programmes Show* Palais des Festivals, 06400 Cannes.
	Salon Inter. de la Lunetterie, de l'Optique Oculaire et du Matériel *Optical Equipment Exhibition* 01103, Oyonnax
mai	Festival International du Livre *International Book Festival* Palais des Expositions, 06000 Nice.
	Salon International 'Traitements des Surfaces et Finition Industrielle' *International 'Surface Treatment and Industrial Finishing' Exhibition* C.N.I.T. 4, place de la Défense, 92806 Paris-Puteaux.
juin	Salon International de l'Equipment Blanchisserie, Teinturerie *International Laundry, Dyeing and Dry-Cleaning Machinery Exhibition* Parc des Expositions, Porte de Versailles, 75015 Paris.
	Salon International de l'Aéronautique et de l'Espace *International Aeronautics and Space Show* 93350 Paris Le Bourget.

Salon International du Chauffage, du Froid et de la Climatisation
Heating, Refrigerating and Air Conditioning Exhibition
Parc des Expositions, Porte de Versailles, 75015 Paris.

Salon International de l'Equipment des Industries du Vêtement—
VETIMAT
International Exhibition of Equipment for the Clothing Industry
Parc des Expositions, Porte de Versailles, 75015 Paris.

MECANELEM Salon International des Transmissions Hydrauliques,
Pneumatiques, Mécaniques, et des Composants de la Construction de
Machines et Equipements *International Exhibition of Hydraulic, Pneu-*
matic and Mechanical Transmissions and Components for Machine and
Equipment Construction
C.N.I.T. 4, place de la Défense, 92806 Paris-Puteaux.

septembre   Semaine Internationale du Cuir *International Leather Week*
Parc des Expositions, Porte de Versailles, 75015 Paris.

Salon de la Bijouterie, Joaillerie, Orfèvrerie, Horlogerie, Cadeaux
BIJORHCA
Jewellery, Gold and Silver, Clock-Ware, Gift Week
Parc des Expositions, Porte de Versailles, 75015 Paris.

Salon Commercial et Professionnel des Ateliers d'Art et de Création
Commercial and Professional Art Work-Shops Exhibitions
Parc des Expositions, Porte de Versailles, 75015 Paris.

Salon Européen de l'Habillement Masculin—(S.E.H.M.)
European Men's Wear Show
Parc des Expositions, Porte de Versailles, 75015 Paris.

Salon de la Mode Enfantine *Children's Fashion Exhibition*
Parc des Expositions, Porte de Versailles, 75015 Paris.

Salon Professionnel International des Articles de Sports et de Loisirs de
Plein Air S.I.S.E.L. *Professional and International Show of Open Air*
Sports and Pastimes Articles
Parc des Expositions, Porte de Versailles, 75015 Paris.

Marché International de la Vidéocommunication VIDOCOM
International Show for Videocommunications
Palais des Festivals, 06400 CANNES.

Salon International de l'Informatique, de la Communication et de
l'Organisation du Bureau—SICOB *International Exhibition of Data*
Processing, of Communication and Office Organization
Journées professionnelles Trade-Days
C.N.I.T. 4, place de la Défense, 92806 Paris-Puteaux.

Salon Professionnel de la Quincaillerie QUOJEM *Hardware Trade Show*
Parc des Expositions, Porte de Versailles, 75015 Paris.

octobre   Marché Européen de l'Ameublement et des Fournitures Professionnelles
pour l'Ameublement MEUROPAM *European Furnishing Show*
Grand Palais, 69459 Cedex 3 Lyon.

Salon Professionnel National des Techniques Anti-Pollution STAP
National Trade Exhibition of Anti-Pollution Techniques
ALPEXPO, Grenoble.

99

Salon de l'Automobile du Cycle et du Motorcycle *Motor Show*
Parc des Expositions, Porte de Versailles, 75015 Paris.

Salon de la Caravane et de la Résidence mobile *Caravan Exhibition*
93350 Paris Le Bourget.

Salon International des Industries d'Equipement et d'Entretien de
l'Automobile—EQUIP'AUTO *International Exhibition of Motor Maintenance and Car Accessories*
Parc des Expositions, Porte de Versailles, 75015 Paris.

Marché International pour la Diffusion Européene de la Sous-Traitance
M.I.D.E.S.T. *International Market for the European Diffusion of Sub-Contracting*
67, Strasbourg.

Salon Technique International de l'Equipement et de la Gestion des
Hotels, Restaurants, Cafés et Collectivitiés. EQUIP'HOTEL
International Exhibition EQUIP'HOTEL
Parc des Expositions, Porte de Versailles, 75015 Paris.

Salon International du Prêt à Porter Feminin et 'Section Boutique'
*International Ladies' Ready-to-Wear Clothing Exhibition and 'Section
Boutique'*
Parc des Expositions, Porte de Versailles, 75015 Paris.

Salon du Bricolage *'Do it yourself' Exhibition*
C.N.I.T. 4, place de la Défense, 92806 Paris-Puteaux.

novembre	Salon International de la Photographie du Cinéma Substandard et de l'Optique *International Photographic, Cinematographic and Optical Exhibition* Parc des Expositions, Porte de Versailles, 75015 Paris.

Salon International de l'Equipement des Commerces et des Métiers
EQUIP'MAG *International Retail Trades Equipment Show*
Parc des Expositions, Porte de Versailles, 75015 Paris.

Salon International de la Construction et des Industries du Second
Œuvre BATIMAT *International Building Exhibition*
Parc des Expositions, Porte de Versailles, 75015 Paris.

Exposition de Physique *Exhibition of Physics*
Parc des Expositions, Porte de Versailles, 75015 Paris.

Salon International du Laboratoire *International Laboratory Exhibition*
Parc des Expositions, Porte de Versailles, 75015 Paris.

décembre	Exposition Internationale des Procédés et Matériels de Génie Chimique INTERCHIMIE *International Exhibition for Chemical Engineering Processes and Equipment* C.N.I.T. 4, place de la Défense, 92806 Paris-Puteaux.

5 Vocabulaire

Ce condensé de vocabulaire se rapporte uniquement aux termes commerciaux utilisés dans ce livre. Par conséquent, les expressions courantes ne seront traduites que si elles contribuent à la compréhension du contexte en général. Dans tous les autres cas, l'aide d'un dictionnaire sera indispensable.

Français–Anglais

A

abonné (*m*), *subscriber*
accorder un escompte, *to grant a discount*
acheminer des marchandises, *to forward goods*
(avoir) affaire à, *to have dealings with*
affranchir, *to pay postage, to frank*
agence (*f*) de voyage, *travel agency*
agrafe (*f*), *staple, paper-clip*
agrafeuse (*f*), *stapler*
amende (*f*), *fine*
annonce (*f*), *advertisement (newspaper)*
annuaire (*m*), *reference book (telephone, railways...)*
annuaire téléphonique (*m*), *telephone book*
annuler une commande, *to cancel an order*
appeler au téléphone, *to call by telephone*
arriéré (*m*), *overdue*
aspirateur (*m*), *vacuum cleaner*
assister à une réunion, *to attend a meeting*
atelier (*m*), *workshop*
attirer l'attention de quelqu'un, *to draw s.o.'s attention to*
avis (*m*), *notice;* sans avis, *without notice*
avoir (*m*) en banque, *credit, assets*

B

bande (*f*) de machine à dicter, *dictating machine tape*
bénéficiaire (*m*), *payee*
bénéficier, *to benefit*
billet (*m*) à ordre, *promissory note*

bloc (*m*) de sténographie, *shorthand pad*
boîte postale (*f*) *ou* B.P., *private P.O. letter box*
boîte (*f*) aux lettres, *letter box*
bon (*m*) de commande, *order form*
bottes (*f pl*) en caoutchouc, *rubber boots*
Bottin *ou* Didot-Bottin (*m*), *reference book for commercial addresses*
bulletin (*m*) d'expédition, *dispatch note*
bureau (*m*), *office*
buvard (*m*), *blotting paper*

C

cabine téléphonique (*f*), *public telephone*
caisse (*f*), *crate, box*
caisse (*f*), *crate, box*
calculatrice de poche (*f*), *pocket calculator*
calendrier mural (*m*), *wall calendar*
capital social (*m*), *company's capital*
carte de paiement (*f*), *credit card*
carton (*m*), *cardboard*
chaise réglable (*f*), *swivel chair*
chef (*m*) de service, *head of department*
chef (*m*) des ventes, *sales manager*
chiffre (*m*), *figure*
chiffre (*m*) d'affaires *ou* C.A., *turnover*
chômage (*m*), *redundancy, unemployment*
chômer, *to be out of work*
ci-dessus, *above*
ci-inclus, *herewith*
ciseaux (*m pl*), *scissors*
clarifier, *to clear up*
classeur vertical (*m*), *filing cabinet*
clavier (*m*), *keyboard*
client (*m*), *client, customer*

combiné téléphonique (*m*), *receiver*
commande (*f*), *order*
commande (*f*) d'essai, *trial order*
commander des marchandises, *to order goods*
comptant (*m*), *cash*
compte bancaire (*m*) *ou* en banque, *bank account*
compte (*m*) courant postal, *P.O. current account*
conclure une affaire *ou* une transaction, *to conclude a business transaction*
concurrence (*f*), *competition*
(faire) concurrence à, *to compete with*
conditions (*f pl*) de livraison, *terms of delivery*
conditions (*f pl*) de paiement, *terms of payment*
(avoir) confiance en, *to trust, to rely on*
(de) confiance, *reliable*
conforme à, *according to*
conformément à votre lettre, *according to your letter*
connaissement (*m*), *bill of lading (sea transport)*
conseiller (*m*), conseillère (*f*), *adviser*
convenable, *suitable*
convenir à, *to be convenient, to be suitable*
corbeille (*f*) à papier, *waste-paper basket*
corbeille (*f*) à courrier, *mail tray*
correcteur (*m*), *correction fluid*
courrier (*m*), *mail*
coût (*m*), *cost*
couvrir la somme de..., *to cover the amount due*
crayon (*m*) à bille, *ball-point*
créance (*f*), *credit, claim*
créancier (*m*), *creditor*

D

dactylographe (*f*), *typist*
dactylographie (*f*), *typing*
date (*f*) de livraison, *date of delivery*
date (*f*) de paiement, *date of payment*
débouché (*m*), *market, outlet*
dédouaner, *to clear through the customs*
décrocher le combiné, *to lift the receiver*
délai (*m*) de, sous délai de, *within the time*

demande (*f*) d'emploi, *situation wanted*
demande (*f*) de renseignements, *inquiry*
demander des renseignements, *to inquire*
démarches (*f pl*), *proceedings, approaches*
destinataire (*m*), *receiver*
différer le paiement, *to postpone payment*
disque (*m*) d'appel, *dial*
distributeur automatique (*m*), *slot machine*
(c'est) dommage, *it is a pity*
(traite) domiciliée, *domiciled or addressed bill*
donner lieu à, *to result in*
donner un prix, *to quote a price*
dossier (*m*), *file*
douane (*f*), *customs office*
douanier (*m*), *customs officer*
(services) douaniers, *customs office*
droit (*m*), *law, duty, tax*
(faire) droit à, *to admit*
(faire valoir ses) droits, *to vindicate one's rights, to assert one's claims*

E

échantillon (*m*), *sample, pattern*
échantillon sans valeur *ou* gratuit, *free sample*
échéance (*f*), *maturity date*
échu, échue, *outstanding (payment)*
économiser de l'argent, *to save money*
écouteur (*m*), *headphone*
effectuer une livraison, *to undertake delivery*
effet (*m*) de commerce, *bill of exchange*
emballage (*m*), *packing*
emballer des marchandises, *to pack goods*
émetteur (*m*), émettrice (*f*), *issuer*
encourir des frais, *to incur expenses*
encrier (*m*), *ink-pot*
endommager, *to damage*
(être) endommagé, *to be damaged*
entrepôt (*m*), *warehouse*
entretenir des relations avec, *to have dealings with*
épuiser (stock), *to use up, to sell out of*
épuisé, épuisée, *sold out*
escompte (*m*), *discount*

espèces (*f pl*), *cash*
étoffe (*f*), *material*
expédier une livraison, *to ship a consignment*
expéditeur (*m*), *sender*
expédition (*f*), *dispatch*

F

fabricant (*m*), *manufacturer*
fabrication (*f*), *manufacture*
facture (*f*), *invoice*
facture (*f*) d'origine, *invoice of origin*
facturer, *to invoice*
feuille (*f*) de papier à lettre, *sheet of writing paper*
fiche (*f*), *index card*
fichier (*m*), *card index*
fini (*m*), *finish*
foire (*f*), *exhibition*
fonds (*m pl*), *money*
formulaire (*m*), *printed form*
fournisseur (*m*), *supplier*
franchise (*f*), *franking*
franco de tous frais, *free of charges*
frapper d'une amende, *to impose a fine*

G

grand magasin (*m*), *department store*
grève (*f*), *strike*
(faire) grève, *to strike*
guichet (*m*), *counter*

H

hausse (*f*), *increase*
hebdomadaire (*m*), *weekly (newspaper)*
heures supplémentaires (*f pl*), *overtime*
hors concurrence, *competitive*
housse (*f*), *cover, lid (typewriter)*

I

(en) imposer à quelqu'un, *to impress somebody*
imposer à la source, *pay as you earn (tax)*
imprimé (*m*), *printed form*
imprimer, *to print*
incendie (*m*), *fire*
infliger une amende, *to impose a fine*
interprète (*m*), *interpreter*
intitulé (*m*) d'un compte, *heading of an account*

J

jeton (*m*), *(telephone) disc*
jouet (*m*), *toy*
jouir d'une grande faveur, *to be in great demand*
être à jour, *to be up to date*

L

laine (*f*) peignée, *worsted*
lettre de change (*f*), *bill of exchange*
livraison (*f*), *delivery*
livrer des marchandises, *to deliver goods*
location (*f*), *hire*
louer une voiture, *to hire a car*

M

machine (*f*) à affranchir, *franking machine*
machine (*f*) à dicter, *dictating machine*
machine (*f*) à écrire, *typewriter*
machine (*f*) à photocopier, *photocopier*
main-d'œuvre (*f*), *labour*
maintenir à jour, *to keep up to date*
mandat-carte (*m*), *money order card (cf. Post Office section)*
mandat-postal (*m*), *P.O. money order*
matière (*f*) première, *raw material*
matrice (*f*), *master sheet, stencil*
médecin (*m*), *doctor (medical)*
(être en) mesure de, *to be in a position to*
munir, *to supply with*
(être) muni, munie de, *supplied with*

N

normalisation (*f*), *standardization*
normaliser, *to standardize*
notaire (*m*), *solicitor*

O

offre (*f*), *offer, quotation*
offre (*f*) d'emploi, *situation vacant*
ordre (*m*) alphabétique *ou* numérique, *alphabetical or numerical order*

ouverture (*f*) (entreprise), *opening*
ouverture (*f*) de compte, *opening of an account*
ouvrir un compte, *to open an account*

P

paiement (*m*) partiel, *part payment*
papier (*m*) pelure, *flimsy paper*
passer une commande, *to place an order*
(être) passible de, *to be liable for*
pénurie (*f*), *shortage*
percevoir de l'argent, *to receive money*
percevoir des redevances, *to collect money due*
(être) perçu, perçue, *to be collected*
placement (*m*) de marchandises, *placing of goods*
plier une lettre, *to fold a letter*
pointure (*f*), *size (shoes)*
pompier (*m*), *fireman*
poser sa candidature, *to apply for (job)*
poste (*m*) secondaire, *extension (telephone)*
préavis (*m*), *personal call*
prime (*f*), *bonus*
prix (*m*), *price, quotation*
profiter de, *to take advantage of*
promouvoir, *to promote*
(être) promu, promue, *to be promoted*

Q

quittance (*f*), *receipt*
(marchandise) de qualité, *goods of good quality*

R

raccrocher (téléphone), *to put down the receiver*
rappel (*m*), *reminder*
rappeler quelqu'un, *to call back (telephone)*
rapport (*m*), *report*
réclamation (*f*), *complaint*
réclamer, *to complain*
réclamer quelque chose, *to claim something*
(en) recommandé, *registered mail*
recouvrement de dettes, *collection of debts*
recouvrer de l'argent, *to collect money*
redevance (*f*), *telephone charge*

rédiger, *to write*
réitérer, *to repeat*
relevé (*m*), *statement*
relevé (*m*) de compte, *statement of account*
relèvement (*m*) des salaires, *increase of salaries*
relever du ressort de, *to be dependent on*
remboursement (*m*), *refund*
(contre) remboursement, *cash on delivery*
rendement (*m*), *efficiency*
(à plein) rendement, *full time*
renouer des relations, *to take up relations or negotiations*
représentant (*m*), *representative, agent*
réseau (*m*), *network*
réservation (*f*), *booking*
réserver des places, *to book seats*
réserver une chambre, *to book a room*
retard (*m*), *delay*
retenir une chambre, *to book a room*
(par) retour du courrier, *by return of post*
retrait (*m*), *withdrawal*
réunion (*f*), *meeting*
revenu (*m*), *income*
ruban (*m*) de machine, *typewriter ribbon*
rubrique (*f*), *heading*

S

salaire (*m*), *salary*
Salon de l'auto, *Motor Show*
secteur (*m*), *district*
service (*m*), *department*
siège social (*m*), *firm's headquarters*
solliciter, *to apply for*
société anonyme *ou* S.A., *public limited company*
société en nom collectif, *general partnership*
solde (*m*), *balance*
(pour) solde de tout compte, *in full settlement*
solder un compte, *to balance an account*
sonnette (*f*), *bell*
soumettre, *to submit*
soumettre une requête, *to submit a request*
sténographie (*f*), *shorthand*

stock épuisé, *stock sold out*
(le) stock s'épuise, *the stock is
running low*
stylo à bille (*m*), *ball-point pen*
subvention (*f*), *subsidy*
suscription (*f*), *superscription, heading*

T

table (*f*) de dactylographie, *typewriter
table*
tablette (*f*), *slide tray*
taille (*f*), *size*
taille-crayon (*m*), *pencil sharpener*
tailler le crayon, *to sharpen the pencil*
taux (*m*), *percentage*
taxe (*f*) de conversation, *telephone
charge*
teinte (*f*), *shade, colour*
timbre (*m*) à cachet, *rubber stamp*
timbre (*m*) d'affranchissement,
postage stamp
tiré (*m*), *drawee (bill of exchange)*
tireur (*m*), *drawer (bill of exchange)*
tiroir (*m*), *drawer*
titulaire (*m*) de compte, *holder of an
account*
touche (*f*), *key (typewriter)*
transmettre une commande, *to submit
an order*
triage (*m*), *sorting*
trier, *to sort out*
trombone (*m*), *paper-clip*

V

virement (*m*), *transfer of money*
virement postal *ou* bancaire, *postal or
bank transfer*
virer de l'argent, *to transfer money*
voie (*f*) judiciaire, *legal procedure*
voyage (*m*) d'affaires, *business trip*
agence (*f*) de voyages, *travel agency*
voyageur (*m*) de commerce,
commercial traveller

Anglais–Français

A

above, *ci-dessus*
above mentioned, *mentionné ci-dessus*
account, *le compte (bancaire* ou *postal)*
according to, *conforme à*
to admit, *faire droit à, admettre*
advertisement, *l'annonce (f) (dans un journal)*
to apply for, *demander, poser sa candidature, solliciter (un emploi)*
approaches, *les démarches (f pl)*
arrangement (alphabetical *or* numerical), *l'ordre (m) de classement (alphabétique* ou *numérique)*
to attend a meeting, *assister à une réunion*

B

balance, *le solde*
to balance an account, *solder un compte*
ball-point pen, *le stylo à bille*
bell, *la sonnette*
bill of exchange, *l'effet (m), de commerce, la lettre de change*
bill of lading, *le connaissement (transport maritime)*
blotting paper, *le buvard*
bonus, *la prime*
to book seats, *réserver* ou *retenir des places*
booking, *la réservation*
to bother, *se donner le mal de faire quelque chose*
business trip, *le voyage d'affaires*

C

calendar, *le calendrier*
to call back, *rappeler au téléphone*
to call somebody, *appeler au téléphone*
to cancel an order, *annuler une commande*
capital of a company, *le capital social*
card-index, *le fichier*
cardboard, *le carton*
cash, *les espèces (f pl)*
cash-box, *la caisse*

cash on delivery, *contre remboursement (livraison)*
cash payment, *le paiement au comptant*
charge (telephone), *la taxe de conversation, la redevance*
to charge, *imputer, taxer*
claim, *la créance, la réclamation*
to claim, *revendiquer, réclamer, demander*
to clear through the customs, *dédouaner*
to clear up, *clarifier, éclaircir*
clearance (customs), *le dédouanement*
clip (paper), *l'agrafe (f) à papier, le trombone*
to collect (charges), *percevoir*
collection of debts, *le recouvrement*
colour, *la teinte*
competition, *la concurrence*
to compete with, *faire concurrence à, rivaliser*
to complain, *réclamer, se plaindre*
complaint, *la réclamation*
to conclude a business transaction, *conclure une affaire*
to be convenient, *convenir à*
correction fluid, *le correcteur*
counter, *le guichet*
cover (typewriter), *la housse*
  with cover, *avec couverture*
  without cover, *sans couverture*
to cover the amount due, *couvrir la somme redevable*
crate, *la caisse*
credit card, *la carte de paiement*
credit in bank, *l'avoir (m) en banque*
customer, *le client*
customs, *la douane, les services douaniers*
customs officer, *le douanier*

D

date of delivery, *la date de livraison*
to damage, *endommager*
to have dealings with, *entretenir des relations avec, avoir affaire à*
delay, *le retard*
delivery, *la livraison*
to be in demand, *être l'objet de demandes, jouir d'une grande faveur*
department, *le service (d'une entreprise)*

department store, *le grand magasin*
to be dependent on, *être ou relever du ressort de*
dial, *le disque d'appel*
to dial a number, *composer un numéro de téléphone*
dictating machine, *la machine à dicter*
disc (telephone), *le jeton*
discount, *l'escompte (m)*
dispatch department, *le service d'expédition*
dispatch note, *le bulletin d'expédition*
district, *le secteur*
domiciled bill, *la traite domiciliée*
doctor (medical), *le médecin*
to draw attention to, *attirer l'attention sur*
drawee, *le tiré*
drawer, *le tiroir, le tireur (bill of exchange)*
dust, *la poussière*
to dust, *épousseter*
duty (customs), *le droit de douane*

E

to employ, *employer, embaucher*
employee, *l'employé, employée*
employer, *l'employeur (m)*
employment, *l'emploi (m), l'occupation (f)*
full employment, *le plein emploi*
to enclose, *inclure*
enclosure, *l'annexe (f), pièces jointes*
to endeavour, *s'efforcer*
to engage employee, *employer, embaucher*
to exhibit, *exposer*
exhibition, *l'exposition (f), la foire*
expenses, *les frais (m pl), les dépenses (f pl)*
express post, *lettre exprès*
extension (telephone), *le post secondaire*

F

factory, *l'usine (f)*
fair (trade), *la foire d'exposition*
figure, *le chiffre*
file, *le dossier, le classeur*
to file, *classer*

filing cabinet, *classeur vertical (m)*
to fill in forms, *remplir des documents*
to find out, *se renseigner*
fine, *l'amende (f)*
fire, *l'incendie (m)*
fire brigade, *les pompiers, les sapeurs-pompiers (m pl)*
flimsy paper, *le papier pelure*
to fold a letter, *plier une lettre*
form (printed), *le formulaire*
to forward goods, *acheminer des marchandises*
forwarding agent, *le transporteur, agent de transport*
to frank, *affranchir*
franking (P.O.), *l'affranchissement (m)*
free frontier, *franco frontière*
free of delivery charges, *franco de tous frais de livraison*
free sample, *échantillon gratuit*
full time, *à plein rendement, à temps complet*
in full settlement, *pour solde de tout compte*

G

to gather from (letter), *conclure, déduire*
to grant a discount, *accorder un escompte*
gross (12 doz.), *la grosse*

H

hand-written, *manuscrit, manuscrite*
to handle, *manipuler*
to handle with care, *manipuler avec soin*
head of department, *le chef de service*
head-office of a company, *le siège social*
heading of an account, *l'intitulé (m) d'un compte*
heading of a letter, *l'en-tête (m) d'une lettre*
heading (arrangement), *la rubrique*
headphone, *l'écouteur (m)*
herewith, *ci-inclus*
to hire a car, *louer une voiture*
hold-up, delay, *le retard*
to hold up, *retarder*
free house, carriage paid, *franco domicile*

I

to impose a fine, *infliger une amende, frapper d'une amende*
to impress somebody, *en imposer à quelqu'un*
inclusive, *inclus, compris*
inclusive of all charges, *tous frais compris*
income, *le revenu*
increase, *la hausse, l'augmentation (f), le relèvement*
to increase prices, *augmenter les prix*
to incur expenses, *encourir des frais*
index card, *la fiche*
ink-pot, *l'encrier (m)*
to inquire, *demander des renseignements, se renseigner*
inquiry, *la demande de renseignements*
to interchange, *échanger*
to interpret, *traduire oralement, interpréter*
interpreter, *l'interprète (m)*
insurance, *l'assurance (f)*
to insure, *assurer*
invoice, *la facture*
to invoice, *facturer*
invoice of origin, *la facture d'origine*
to issue, *émettre*
issued, *émis, émise*
issuer, *l'émetteur (m)*

J

job, *l'emploi (m), la place*
journey, *le voyage*

K

to keep up to date, *se tenir à jour*
key (typewriter), *la touche*
keyboard, *le clavier*
to let someone know, *faire savoir à quelqu'un*
as far as I know, *à ma connaissance, autant que je sache*
knowledge, *la connaissance*

L

labour, *la main-d'œuvre*
labour costs, *les frais de main-d'œuvre*
legal department, *le service du contentieux*

legal procedure, *la voie judiciaire*
legal or illegal, *permis ou défendu par la loi*
letter box, *la boîte aux lettres*
to be liable to, *être passible de*
lid (typewriter), *la housse*
to lift the receiver, *décrocher le combiné*
limited company, *la société anonyme ou S.A.*
local newspaper, *le journal local*
to look up something, *consulter, chercher*
looking forward to, *dans l'attente de*
loss, *la perte*
profit and loss, *pertes et profits*

M

mail, *le courrier*
management, *la direction*
manager, *le directeur*
to manufacture, *fabriquer*
manufacture, *la fabrication*
manufacturer, *le fabricant*
market, *le marché, le débouché*
master sheet, stencil, *la matrice, le stencil*
material, *le matériel, l'étoffe (f)*
it is a matter of, *il s'agit de*
maturity date, *l'échéance (f)*
matured, *échu, échue*
meeting, *la réunion*
meter (counter), *le compteur*
money, *l'argent (m), les fonds (m pl)*
money order card, *le mandat-carte*
money-order (P.O.), *le mandat postal*

N

native of, *originaire de*
network, *le réseau*
newspaper, *le journal*
newspaper-cutting, *la coupure de journal*
notice, without notice, *l'avis (m), sans avis*
to give notice, *annoncer*
to give notice of departure, *annoncer son départ, donner son congé*
to give or hand in notice, *donner sa démission*

O

obliged (grateful for), *reconnaissant de*
to occur (crop up), *il arrive que*
office, *le bureau*
office-worker, *l'employé (m),*
employée (f) de bureau
opening, *l'ouverture (f)*
to put in operation, *mettre en marche*
to be out of operation, *être hors de*
marche, être en panne
order, *la commande*
to order, *commander*
to place an order, *passer une commande*
order form, *le bon de commande*
origin, *l'origine (f)*
originally, *à l'origine*
overdue, *arriéré*
oversight, *l'inadvertance (f)*
by oversight, *par mégarde*
overtime, *les heures (f pl)*
supplémentaires
to work overtime, *faire des heures*
supplémentaires

P

pad, *le bloc-notes*
to pack goods, *emballer des*
marchandises
packing, *l'emballage (m)*
paper-basket, *la corbeille à papier*
paper-clip, *l'agrafe (f), le trombone*
part-payment, *le paiement partiel*
to take part in, *prendre part à*
partnership firm, *société en nom*
collectif
pattern, *l'échantillon (m)*
to pay, *payer, régler*
payment, *le paiement, le règlement*
to pay as you earn (tax), *être imposé*
à la source
to pay an invoice, *payer ou acquitter*
une facture
payee, *le bénéficiaire*
pencil, *le crayon*
pencil-sharpener, *le taille-crayon*
per piece, *à la pièce*
percentage, *le taux, le pourcentage*
photo-copier, *la machine à photocopier*
it is a pity, *c'est dommage*
to place an advertisement, *insérer une*
annonce
to place an order, *passer une*
commande

to place goods, *placer des*
marchandises, trouver un débouché
pocket calculator, *la calculatrice de*
poche
to point out, *souligner*
free port, *franco port*
to be in a position to, *être en*
mesure de
post (job), *le poste*
post (mail), *la poste*
to post (mail), *poster (une lettre),*
mettre à la boîte
postage, *l'affranchissement (m), le port*
postage-stamp, *le timbre-poste*
postal district, *le secteur postal*
postal order, *le mandat postal*
post-box, *la boîte aux lettres*
post office, *le bureau de poste*
post office account, *le compte postal*
post office cheque, *le chèque postal*
post office private letter box, *la boîte*
postale ou B.P., la boîte de
commerce
post office van, *la voiture postale*
to postpone, *différer, retarder*
in practice, *en pratique*
price, *le prix*
net price, *le prix net*
cost price, *le prix de revient*
printed matter, *imprimé*
promissory note, *le billet à ordre*
to promote, *faire monter en grade,*
promouvoir
provided that, *pourvu que*
publicity, *la publicité, la réclame*
puncher, *le perforateur*
to put down the receiver, *raccrocher*

Q

query, *la question, le doute, le contrôle*
to query, *mettre en question, douter*
quotation, *le prix, le tarif*
to quote a price, *donner un prix*

R

railway, *le chemin de fer ou SNCF*
by rail, *par chemin de fer ou*
par SNCF
rate interest of, *le taux d'intérêt*
raw material, *la matière première*
receipt (money), *le reçu, la quittance*
redundancy, *le chômage*

reference book, (for telephone, railways) *l'annuaire* (*m*), (for commercial addresses) *le Bottin*
refrigerator, *le frigidaire*
refund, *le remboursement*
to refund, *rembourser*
to register, *enregistrer*
registered mail, *lettre recommandée*
to regret, *regretter*
to our regret, *à notre grand regret*
to remind, *rappeler*
reminder, *le rappel, la lettre de rappel*
to replace, *remplacer, échanger*
report, *le rapport*
to make a report, *établir un rapport*
representative, *le représentant*
to request, *prier, demander*
on request, *sur demande*
to result in, *donner lieu à*
to return, *renvoyer*
return of post, *par retour du courrier*
to revise (accounts), *vérifier, contrôler*
to ring up, *appeler au téléphone*
to rise (prices), *augmenter, relever*
rubber boots, *les bottes* (*f pl*) *en caoutchouc*
rule, *la règle, la règlementation*
as a rule, *en général*

S

salary, *le salaire, la rémunération*
sale, *la vente*
sale (end of season), *les soldes* (*m pl*)
sales department, *le service des ventes*
sales director, *le directeur commercial*
sample, *l'échantillon* (*m*)
'sample' (on a letter), *échantillon sans valeur*
to save money, *économiser de l'argent*
savings, *les économies* (*f pl*)
scissors, *les ciseaux* (*m pl*)
secretary, *la secrétaire*
secretarial college, *le collège* ou *l'école* (*f*) *de secrétariat*
to sell, *vendre*
to settle a bill, *régler* ou *acquitter une facture*
settlement, *le règlement*
sewing-machine, *la machine à coudre*
share (capital), *l'action* (*f*)
shareholder, *l'actionnaire* (*m*)
to sharpen a pencil, *tailler un crayon*
(pencil) sharpener, *le taille-crayon*

sheet of writing paper, *la feuille de papier à lettre*
to ship a consignment, *expédier une livraison*
shipment, *l'expédition* (*f*)
shipping, *la navigation*
shortage, *la pénurie*
to be short of, *manquer de*
shorthand, *la sténographie*
shorthand-typist, *la sténo-dactylographe*
situation vacant, *offre d'emploi*
situation wanted, *demande d'emploi*
size, *la pointure* (*chaussures*), *taille* (*autres habits*)
slide tray, *la tablette*
slit, slot, *la fente*
sold out, *stock épuisé, vendu*
solicitor, *le notaire*
to sort out, *trier*
speed, *la vitesse*
staff, *le personnel*
stain, *la tache*
stamp (postage), *le timbre-poste*
stamp (rubber), *le timbre à cachet*
date stamp, *le timbre dateur*
staple, *l'agrafe* (*f*)
stapler, *l'agrafeuse* (*f*), *la brocheuse*
statement of account, *le relevé de compte*
stock runs low, *le stock s'épuise*
strike, *la grève*
to strike, *faire la grève*
stroke (typewriter), *la frappe*
to submit, *soumettre*
to submit a request, *soumettre une requête, solliciter*
subscriber, *l'abonné* (*m*)
subsidy, *la subvention*
superscription, heading, *la suscription*
supplier, *le fournisseur*
to supply goods, *fournir des marchandises*
to supply with, supplied with, *munir de, être muni de*
supply and demand, *l'offre et la demande*
swivel chair, *la chaise règlable*

T

table lamp, *la lampe de bureau*
to take advantage of, *profiter de*
tape (recorder), *le ruban enregistreur, la bande*

telegram, *le télégramme*
to telegraph, *télégraphier*
telephone, *le téléphone*
telephone booth, *la cabine téléphonique*
telephone call, *l'appel (m) téléphonique*
telephone conversation, *la conversation téléphonique*
telephone directory, *l'annuaire (m) de téléphone*
telephone exchange, *le central téléphonique*
telephone number, *le numéro de téléphone*
terms of delivery, *les conditions de livraison*
terms of payment, *les conditions (f pl) de paiement*
testimonial, *le certificat, l'attestation (f)*
to put in touch with, *mettre en relation avec*
trade, *le commerce*
trade-fair, *la foire commerciale*
transfer, *le virement*
to transfer money, *virer de l'argent*
transfer slip, *avis de virement*
to translate, *traduire*
translator, *le traducteur*
travel agency, *l'agence (m) de voyages*
commercial traveller, *le voyageur de commerce*
trial, *l'essai (m)*
trial order, *la commande d'essai*
turnover, *le chiffre d'affaires ou C.A.*
typewriter, *la machine à écrire*
typewriter table, *la table de dactylographie*
typing, *la dactylographie*
typist, *la dactylographe*

U

unavoidable, *inévitable*
to undertake delivery, *entreprendre ou effectuer une livraison*
undertaking, *l'entreprise (f)*
unemployment, *le chômage*
unfortunately, *c'est dommage*
up to date, *à jour*
unsettled bills, *factures impayées*
to use up, *épuiser (stock)*

V

vacuum cleaner, *l'aspirateur (m)*
valid, *valide, valable*
validity, *la validité*
value, *la valeur*
to vindicate one's rights, *faire valoir ses droits*
vocabulary, *le vocabulaire*

W

wall calendar, *le calendrier mural*
warehouse, *l'entrepôt (m)*
waste-paper basket, *la corbeille à papier*
weekly, *hebdomadaire*
weekly paper, *l'hebdomadaire (m)*
weight, *le poids*
to wire, *télégraphier*
wire, *le télégramme*
withdrawal, *le retrait*
work, *le travail*
to work, *travailler*
worker, *le travailleur*
workshop, *l'atelier (m)*
working atmosphere, *le climat de travail*
worsted (cloth), *la laine peignée*
to write a letter, *rédiger ou écrire une lettre*
in writing, *par écrit*
writing-desk, *le bureau*